KB129486

마음돌봄

러블리 어텐션

김용수 저

"너 정말 애썼다.
너는 소중한 사람이야.
정말로 사랑해."

학지사

마음의 평화를 위해, 관계의 평화를 위해,

그리고 공동체의 평화를 위해

30년간 방안을 찾아다녔던 저자가

스스로 몸과 마음의 치유를 경험하면서,

그 방식을 여러 사람과 함께 나누고자

이 책을 저술하게 되었다.

세 가지 복(福)

　가족 관계와 관련하여 사람들은 흔히 세 가지 복을 이야기한다. 첫째는 부모 복이다. 좋은 부모가 계시는 가정에서 태어나 행복하게 잘 자라는 것이다. 둘째는 배우자 복이다. 배우자를 잘 만나서 행복하게 사는 것이다. 그런데 "셋째는 자식 복이다."라고 말하는 순간 자칫 우환이 되기가 쉽다. 왜냐하면, 자식에게 기대하는 마음이 생기기 때문이다. 자식에게 기대하게 되면 항상 자식이 하는 것 이상으로 기대하기 때문에 부모자녀 관계도 나빠지고 서로 불행해지기가 쉽다.

　필자는 "셋째로 자기 복이다."라고 말하고 싶다. 내가 나를 행복하게 만드는 것이다. 그렇게 되기 위해서는 꾸준히 자신을 성숙시켜 나가야 한다. 알아차림 방식을 포함하여 다양한 방법을 통해 상황에 흔들리지 않고 실질적으로 마음이 평화롭고 행복하도록 만드는 것이다. 이렇게 되면, 그 힘으로 부모님에게 자식 복을 줄 수가 있고, 배우자에게 배우자 복을 줄 수가 있으며, 자식에게는 부모 복을 줄 수 있을 것이라 기대한다. 이처럼 자기 자신이 성숙하고 평화로우면 최소한 3대가 행복해진다. 이것이 부모가 자식에게 물려줄 수 있는 최고의 유산이다.

- 본문 중에서 -

기본적인 식생활 해결이 지상 과제였던 이전 세대에서는 바쁨이 미덕이었다. 그 후로 언제부턴가 대한민국은 '집단 바쁨병'에 걸렸다고 할 만큼 어린아이부터 어른까지 바쁨이 계속해서 일상화되어 왔다.

바쁨이 일상화되다 보니 신체적으로 소진되고, 이어서 심리소진으로 이어졌다. 그렇게 소진된 상태로 함께 지내다 보니, 나중에는 관계를 맺을수록 서로를 힘들게 만드는 '관계소진'까지 일상화되고 있다. 가정에서부터 사회에 이르기까지 서로가 서로에게 상처를 주는 '상처 주기 게임'을 은연중에 해 오고 있는 것이다. 심지어 종종 자기 자신을 괴롭히고 상처를 주는 현상들로 인해 더욱 큰 고통을 경험하기도 한다.

이상의 역기능적인 상태가 가정과 사회 속에서 제대로 해소되지 못한 채, 우울과 불안, 분노의 감정이 우리 사이에 만연하게 되었다. 요즘은 이러한 감정으로 인한 가족 문제 및 사회문제 기사가 거의 매일 언론지에 실리고 있다. 게다가 자본주의 문화가 발달할수록 상품 판매를 위한 매스 미디어가 삶 전반으로 확장되어 타인에게 보여 주는 가치가 중요하게 되는데, 그러면 자기가치는 줄어들고 심리적 방황이 커져서 우울, 불안, 분노 문제가 더욱 심각한 사회문화 현상으로 나타나게 된다.

진작부터 이런 문제에 봉착한 서구에서는 동서양의 지혜를 빌려 타개책을 찾고자 하였다. 그중 명상 혹은 마음챙김을 활용한 방법들이 최근 많은 관심과 호응을 얻고 있다. 의학계를 필두로 심리학계와 교육계 및 산업계 등 다양한 분야에서 다양한 방식으로 도입되어 사용되고 있으며, 우리나라에서도 점점 더 많은 사람이 새삼 그 방식들에 관심을 보이고, 수련에 참여하고 있다.

그러나 명상 혹은 마음챙김 방식들은 유익하게 여겨지기는 하지만, 일반인들에게 다소 어렵거나 배우기 힘들다는 평가를 받고 있다. 때로는 익히는 방법이 너무 심각하거나 부담스럽게 여겨지고, 다루는 내용이 일상적이지 않아 거리감이 느껴져서 일반 사람들이 이 방식에 접근하는 데에는 한계가 있는 것으로 인식된다.

필자는 이러한 문제점들을 해소하고자 여러 해 동안 고민을 해 왔다. 첫째로 쉽고, 둘째로 재미있고, 셋째로 활용이 간편하여 누구나 일상생활에서 수월하게 사용할 수 있도록 하고자 고심하였다. 그 결과로 이 책이 나오게 되었다.

이 책의 제목인 '러블리 어텐션lovely attention'은 자신의 심신 상태를 포함하여 지각하는 대상에 대해 지금 이 순간에 사랑스러운 마음으로 수용적인 관심을 기울이는 것이다. 마치 임산부가 태아의 움직임을 느끼고, 그 느낌에 머무르면서 사랑으로 감싸듯, 지금 이 순간에 자신의 심신 상태를 지켜보고 머무르고 감싸 주는 태도이다. "바꾸려고 하는 한 바뀌지 않는다." 누군가 진정으로 관심을 주고 사랑해 줄 때, 그때부터 변화가 시작된다. 그 누군가에 자신도 해당이 된다. 자신이 자신을 인정하고 사랑해 주고 관심을 보내 주는 것만으로도, 그 마음은 애정결핍에서 벗어나 충족이 되고, 스스로 변화하게 된다.

이 책의 Part 1 '러블리 어텐션의 이해'에서는 러블리 어텐션의 이론적 근거와 함께 구체적인 러블리 어텐션 방법으로써 몸 · 느낌 · 생각 · 기억 알아차림에 관해 설명한다. 또한 러블리 어텐션을 효율적으로 실행하기 위한 몇 가지 방안들을 제시하고 있다. Part 2 '러블리 어텐션의 실제'에서는 러블리 어텐션을 실제로 적용한 사례들을 자녀와의 관계, 부모와의 관계, 형제자매 관계, 부부관계, 개인생활, 직장생활, 교사 사례, 군인 사례, 기쁨 알아차림의 영역으로 분류하였으며, 독자들이 재미있고 쉽게 접할 수 있도록 만화로 제작하여 제시하였다.

신체적으로 혹은 심리적으로 엄청난 스트레스를 겪고 있는 이 시대의 사람들에게 이 책에 수록된 내용이 조금이나마 도움이 되길 기대한다. 나아가 전 국민이 러블리 어텐션을 하게 되면서, 국민의 정신건강 수준이 한 단계 더 성숙하기를 희망한다. 그뿐만 아니라 전 세계인이 그렇게 되길 소망한다.

차례

Chapter 6
알아차림의 삶을 위하여

Part ♥ 2 러블리 어텐션의 실제

Chapter 7
자녀와의 관계에서 러블리 어텐션

Chapter 8
부부관계에서 러블리 어텐션

Chapter 9
부모와의 관계에서 러블리 어텐션

Chapter 10
형제자매관계에서 러블리 어텐션

Chapter 11
개인생활에서 러블리 어텐션

Chapter 12
직장생활에서 러블리 어텐션

Chapter 13
교사의 러블리 어텐션

Chapter 14
군인들의 러블리 어텐션

Chapter 15
기쁨 알아차림

Part 1

—

LOVELY ATTENTION
러블리 어텐션의 이해

Chapter 1

왜 '러블리 어텐션'인가?

1. 마음은
어디에?

흔히 "마음이 무겁다." "마음이 가볍다."라고 말하는데, 마음이 원래 존재하는 것일까? 물리학적으로 존재하려면 일정한 무게와 공간을 차지하고 있어야 한다.

"마음은 어디에 존재하는 것일까요?" 이 질문을 받은 사람들은 대개 가슴 혹은 머리를 가리키기도 한다. 그런데 최근의 뇌과학은 이 질문에 대한 답을 제시해 주고 있다.

우선 뇌의 구조를 간단히 살펴보면, 첫째, 소뇌가 있다. 소뇌에서는 호흡을 하고 척추를 통해 자세를 유지하는 등 사람의 기본적인 생명유지기능을 담당한다.

둘째, 후두엽이 있다. 후두엽에서는 정보를 받아들인다. 동물과 식물 등의 사물을 인식하기도 하고, 사물 뒤에 살짝 보이는 물건도 감지한다.

셋째, 측두엽이 있다. 측두엽에서는 받아들인 정보를 판단하고 구분한다. 가령 후두엽에서 나무 뒤의 기다란 줄을 발견하면, 측두엽의 해마에서는 기억을 떠올려 "저것은 호랑이 꼬리야!" "저것은 소 꼬리야!"라고 해석해 내는 것이다.

넷째, 두정엽이 있다. 두정엽에서는 받아들인 정보를 기초로 반응을 결정한다. '호랑이가 있으니 빨리 도망가야지!' '소가 있으니 잡으러 가야지!' 등등. 이렇게 생존에 위협을 느끼거나 욕구충족에 도움이 되지 않는 경우에는 회피를 하고, 욕구충족에 도움이 되는 경우에는 접근을 하는 방식으로 행동을 하게 된다.

마지막으로 '전두엽'이 있다. 전두엽은 뇌 속의 뇌로서, 앞의 뇌 기능을 조절하면서 급변하는 환경 속에서 적응하고, 때로는 환경을 다스리는 역할을 한다.[1] 그리하여 욕구충족에 도움이 되는 상황은 자주 발생하도록 준비하고, 욕구실현에 방해가 되는 상황은 가능한 한 회피할 수 있도록 조절한다. 인간이 만물의 영장이 된 것은 전두엽이 다른 동물에 비해 월등히 크기 때문이다.

전두엽
전체 뇌 기능을 조절한다.
욕구충족 상황은 자주 발생하도록,
욕구실현 방해 상황은 회피할 수 있도록
조절한다.

두정엽
정보를 기초로 반응을 결정한다.
욕구와 관련하여 회피 혹은 접근한다.

측두엽
받아들인 정보를 판단하고 구분한다.
해마에서 기억을 떠올려 해석한다.

후두엽
정보를 받아들인다.
사물을 인식하고, 사물 뒤에
살짝 보이는 물건도 감지한다.

마음은
어디에?

소뇌
호흡을 하고 척추를 통해
자세를 유지시킨다.
기본적인 생명유지기능을
담당한다.

2. 생각이 꼬리에
꼬리를 물고

인간은 자신의 생존과 욕구충족을 위해 전두엽의 기능을 최대한 발전시켜 왔다. 전두엽은 생존을 제일 기준으로 하면서, 욕구충족을 효율적으로 할 수 있도록 목표지향적이고, 사회적으로 책임이 있고, 상황에 적절한 행동을 하도록 만들어 준다. 또한 다른 뇌 영역과의 연결을 통해 과제를 달성할 때까지 주의를 기울이도록 도와준다. 앞 장에서 진술한 측두엽에는 해마와 편도가 위치하고 있으며 상호연결이 되어 있다. 해마에 저장된 기억과 편도의 감정 정보를 토대로 자신이 원하는 것을 반복적으로 이뤄지도록 하고, 원하지 않는 상황은 가능한 한 일어나지 않도록 전두엽의 기능을 최대한 확대해 온 것이 인간의 주요 발달사이다.

그리고 인간에게 있어 예측성이란 신경회로가 만들어 낸 핵심적 능력이다. 그 예측을 실현하기 위해 사고 작용은 조건반사적으로 이어진다. 사고 작용은 '한 생각이 또한 생각을 불러온다.'라고 표현할 수 있다. 그래서 생각이 꼬리에 꼬리를 물고 떠오르는 것이다. 이처럼 우리의 뇌는 지속적인 시뮬레이션simulation을 통해 즉각적인 사태에 대해 감각-운동 신경의 활성을 준비하게 함으로써, 과거의 성공경험은 반복하도록 하고 실패경험은 반복하지 않게 하여 생존에 도움을 주었다. 그리하여 300만 년에 걸쳐 인간의 뇌는 그 크기가 3배로 증가하였는데, 그 대부분은 시뮬레이션이 가능한 대뇌 영역이 차지하였다고 한다.[2]

대뇌의 용량이 일정 크기 이상으로 크게 되면, 외부의 정보가 유입되지 않아도 스스로 정보를 만들어내고 자체적으로 추론을 하고 결론을 만들어 내는 자율학습이 가능해진다. 마치 알파고가 인간의 자기학습 능력을 모방한 것처럼. 시뮬레이션을 계속해서 돌리다 보니, 오늘날 뇌는 별로 필요하지 않은 상황에서도 자동으로 시뮬레이션을 하고 있다. 예전에는 필요할 때에만 시뮬레이션을 돌렸지만, 이제는 필요하지 않은 순간에도 자동으로 돌아가는 것이다. 마치 오랜 기간 원양어선을 탄 사람이 처음에는 뱃멀미를 하지만, 나중에 육지에 내리면 땅 멀미를 하는 것과 같다. 계속 시뮬레이션을 돌리다 보면 나중에는 시뮬레이션을 돌리지 않는 것이 낯설게 여겨진다. 시뮬레이션 기능을 통한 전두엽의 자율학습이 이제는 자동학습으로 넘어가게 된 것이다. 그리하여 오늘날 현대인에게 이 시뮬레이션 기능은 신이 준 선물이기도 하지만, 다른 한편으로는 신이 준 재앙이 되기도 한다.

3. 선물인가?
재앙인가?

시뮬레이션 속에서는 수많은 생각이 믿음과 확신으로 바뀐다. 일종의 동일시이다. '내가 이렇게 얘기하면 당연히 그 사람은 그렇게 답하겠지.' '그 사람들은 나를 실망하게 만들 게 뻔해.' '그 사람이 내 인사에 반응하지 않은 것은 나를 무시하는 신호야.' '이것을 제대로 하지 못하는 나는 무능해.' '그 일 때문에 나는 괴로울 거야.' 등등. 이러한 믿음들은 보이지 않는 철장의 창살이 되어 우리를 틀 속에 가둔다. "지금부터 얼룩말을 생각하지 마세요."라고 말하는 순간부터 얼룩말이 더 생각나는 것처럼, 생각하지 않으려는 온갖 시도에도 불구하고 시뮬레이션은 계속된다.

시뮬레이션 속에서 과거의 불쾌한 기억을 끝없이 반복하는 것은 불행한 경험과 고통스러운 느낌의 신경망을 강화시킬 뿐이다. 시뮬레이션에 의해 미래의 위협 역시 끊임없이 경고 신호를 울리면서, 고통스러운 감정에 집착하게 함으로써 고통을 더 과장한다. 과거의 일에 대한 시뮬레이션을 통해 발생하는 감정은 대개 분노이며, 과거 일에 기초하여 다가오지 않은 미래에 대한 시뮬레이션 결과로 발생하는 감정은 대개 불안과 긴장이 차지한다. 시뮬레이션 속에서 분노와 불안과 긴장 상태를 끝없이 유지하는 것은 고통스러운 느낌의 신경망을 강화하여 스트레스로 인한 소진을 쉽게 가져올 뿐만 아니라, 합리적인 판단과 행동을 저해하게 만든다. 오직 무의식적 시뮬레이션이 지배하는 고통과 어리석음의 숙성이 이어지는 상황이 되는 것이다.[3]

상황에 따라 어쩔 수 없이 발생하는 고통은 자연스러운 현상이지만, 괴로움은 우리가 만들어 내는 것이다. 어떤 학자는 "인간이 자연을 통제하기 시작한 이래, 자연이 주는 고통보다 인간이 주는 고통이 더 크다."라고 하였는데, 필자는 이 말에 덧붙여 "타인이 주는 고통보다 자신이 주는 고통이 더 크다."고 역설하고 싶다. 마치 암세포가 신체 부위를 가리지 않고 무한분열을 하면서 우리의 생체 에너지를 엄청나게 빨아들이듯이, 시뮬레이션으로 인한 온갖 생각들은 암세포처럼 상황을 가리지 않고 계속 만들어져 우리의 에너지를 소진하게 하며, 심신뿐만 아니라 우리의 삶까지 피폐하게 만든다.

특히 그와 관련된 마음에너지가 많이 연결되어 있을수록 시뮬레이션 장치는 아주 빠르게 돌아간다. 마음에너지 또는 마음노폐물이 형성될 때는 에너지를 흡수해 신경조직과 마음공간에 착상하기 때문에 몸과 마음이 무거워진다. 그것이 제거될 때는 뭉쳐진 에너지가 해체되면서 에너지를 내뿜고 몸과 마음이 가벼워진다.[4]

4. 나를 보는
또 다른 나!

인간의 대뇌 용량이 일정 크기 이상 커지면서, 인간은 스스로 자신의 뇌의 정보처리 과정을 알아차릴 수 있게 되었다. 이것을 알아차림awareness이라고 한다. 알아차림은 뇌의 신경처리 과정을 뇌가 스스로 알아차리는 상태이다. 뇌가 스스로 자신이 어떤 상태인지 알 수 있는 알아차림 상태는 뇌의 발달로 인해 가능하게 된 기적과 같은 현상이다. 뇌의 처리 과정이 의식화되기 위해서는 동시에 연결되어 함께 동작하는 피질영역이 일정 크기 이상으로 확대되어야 한다. '알아차림훈련'을 '주의집중력훈련'이라고 칭하는 것은 이와 같은 이유에서 유래된 것이다. 만약 활성화된 피질영역이 소규모이거나 동시성이 결여되면 의식화되어 알아차리기가 어렵다. 피질영역이 충분히 활성화되면 뇌의 처리 과정을 더 분명하게 알아차릴 수 있다. 그리하여 감정과 사고 작용을 통해 뇌가 스스로 그러한 상태에 있음을 알아차릴 수 있다.[5]

외부 정보가 감각기관과 접촉해서 마음에 반영되는 순간, 해마에 저장된 기억이 편도에 저장된 감정과 결합해서 다차원적으로 가공되고 발전된다. 그리고 전두엽은 사유 기능과 시뮬레이션을 통해 입력된 데이터를 가공하고 느낌을 일으킨다. 새로 입력된 정보가 이미 마음에 입력되어 있는 정보와 결합해 발전해 나가는 순간부터 생각에 생각이 꼬리를 물고 만들어지고, 과거에 대한 분노 혹은 미래에 대한 불안이 작동하고 마음이 이 감정에 휩싸이게 된다. 이러한 경우를 "마음이 무거워진다."고 말한다. 그러나 정보가 입력되고 생각과 감정이 만들어지는 순간 알아차리게 되면, 더 이상 발전하지 않으며 마음을 비우게 된다. 이러한 경우를 "마음이 가볍다."고 말한다.[6]

앞 절에서 언급하였던 마음노폐물도 알아차림으로 제거할 수 있다. 화가 나는 느낌이 일어나는 그 순간을 알아차리지 못하기 때문에 분노가 일어나고, 불안한 느낌이 일어나는 그 순간을 알아차리지 못하기 때문에 불안에 사로잡히게 된다. 즉, 알아차리는 힘이 약하면, 마음노폐물이 끼어들어 실재를 있는 그대로 통찰하지 못하게 되고, 그 결과 상황과의 접촉 다음에 일어나는 마음상태가 무거워지는 것이다. 그런데 알아차림

의 대상이 마음에 반영된 순간에 알아차리면, 그 수준만큼 평화와 지혜가 생기고 마음
노폐물은 더 이상 만들어지지 않는다. 알아차림이 마음노폐물의 발생을 막아 주는 방
패 역할을 하게 되는 것이다.

5. 알아차리게
되면

마음은 가상공간이다. 뇌가 작동하면 가상공간인 마음공간이 형성되지만, 뇌의 작동이 멈추면 가상공간도 소멸한다. 알아차리게 되면 뇌의 작동에 일시적으로 '멈춤 현상'이 발생하게 되고, 그 순간 가상공간에서 벗어나는 효과가 발생하게 된다. 일종의 '우선멈춤' 현상이다. '감정의 홍수상태'에서 잠시 벗어나게 되는 효과도 발생한다. 마음의 산소호흡이 되는 셈이다.

그래서 마음이 현상과 접촉할 때 알아차림의 힘이 강하면 마음에너지를 적게 소모해서 마음이 활기차게 되고, 반대로 알아차림의 힘이 약해 대상에 끌려다니면 마음에너지를 많이 소모해서 마음이 피곤하게 되는 것이다.[7] 마치 '마음을 알면 마음의 주인이 되고, 마음을 모르면 마음의 노예가 되는 것'과 같은 이치이다. 실제로 의학계와 심리상담학계에서는 알아차림이 스트레스 호르몬을 감소시켜 주고, 면역계를 강화한다는 사실을 과학적으로 밝혀내고 있다.

그리고 상담심리학 분야의 여러 학자는 다음과 같이 심리치료를 위한 알아차림의 필요성을 강조해 오고 있다.

Freud * 알아차림의 장에서 일어나는 모든 것들과 자유연상에서 경험되는 모든 내적 현상에 대해 알아차림을 하는 것이 중요하다.[8]

Rogers와 Truax * 내적 경험에 대한 알아차림(awareness)과 수용의 문제가 심리치료의 핵심 요인이다.[9]

Perls * 알아차림 자체가 치료적일 수 있고, 모든 정신병리 현상은 알아차림의 결여로 인해 발생한다.[10]

Padesky * 현대의 인지행동치료(CBT) 상담가는 '마음을 변화하기' 방법보다는 오히려 '발견하도록 안내하기' 방법을 취한다.[11]

6. 알아차림과 러블리 어텐션

알아차림 역량을 증진하는 방법은 4가지 대상에 따라 크게 몸 알아차림, 느낌 알아차림, 생각 알아차림, 기억 알아차림의 4가지 영역으로 나눌 수 있다. 각 대상에 대한 알아차림은 다른 대상들의 알아차림에도 영향을 미치며, 나아가 영역별 알아차림 역량과 경험들이 상호작용을 통해 함께 영향을 미칠 수 있다.[12]

이해를 돕고자 영역별로 간단한 사례를 들어 보면, 발표를 앞두고 얼굴과 몸이 긴장된 상태를 알아차리고 잠시 몸을 풀고 여유를 갖는 것은 몸 알아차림에 해당하며, 상대방에 대한 자신의 분노 감정을 알아차리고 객관적인 상태를 유지하는 것은 느낌 알아차림의 효과이며, 특정 업무처리를 잘 하지 못한 자기 자신에 대해 '나는 무능해. 나는 잘 할 수 없어.'라는 생각을 하고 있는 자신의 사고방식을 알아차리고 자책에서 벗어나 다시 도전해 보는 것은 생각 알아차림의 효과이며, 과거에 힘들었던 일 때문에 불안감에 사로잡혀서 지나치게 감정적으로 대처하는 자신을 발견하고 불안감에서 빠져나와 능동적인 태도를 취하게 되는 것이 기억 알아차림에 해당된다. 이처럼 상황에 따라 적절하게 대상별 알아차림을 실행하는 과정 속에서 자기치유가 자연스럽게 이뤄지게 될 것이다.

알아차림을 수행하는 태도 혹은 철학으로 여기에서는 '러블리 어텐션lovely attention'의 방식을 제안하고자 한다. 러블리 어텐션은 첫째, 지금 여기에서here and now, 둘째, 사랑스러운 마음으로with lovely heart, 셋째, 수용적인 관심acceptable attention을 보내는 것이다. 즉, 심신의 상태를 포함하여 자신이 지각하는 대상에 대해 지금 이 순간에 사랑스러운 마음으로 수용적인 관심을 기울이는 것이다.

필자는 종종 러블리 어텐션의 방식을 설명하는 표현으로, "마치 임산부가 자신의 배 속에 있는 태아의 움직임을 지켜보고 그 느낌에 머무르면서 사랑으로 감싸듯, 지금 여기에서 자신의 마음을 지켜보고 머무르고 감싸 주라."고 권한다. 바꾸려고 하는 한 바뀌지 않는다. 누군가 진정으로 인정해 주고 사랑해 줄 때, 그때부터 변화가 시작된다.

그 누군가에 자신도 해당이 된다. 자신이 자신을 인정하고 사랑해 주고 감사를 보내는 것만으로도, 그 마음은 충족이 되고, 스스로 변화하려고 하게 된다. 그리고 러블리 어텐션은 "문제야 와 봐라. 내가 관심을 주고 사랑해 줄 테니까."라고 말하듯이, 기꺼이 경험하고 수용하려는 자세로 역경을 대하는 삶의 방식이다.

Chapter 2

몸 알아차림

1. 몸은 답을
알고 있다

우리 몸의 자율신경계는 교감신경계와 부교감신경계로 이뤄져 있다. 교감신경계는 잠재적 위협에 대처한다. 위협상황으로 판단될 때 심장박동, 혈압, 호흡을 증가시키고, 심장 방향의 혈관을 개방하고, 아드레날린과 스트레스 관련 호르몬을 계속 방출하며, 많은 정보를 받아들이기 위해 동공을 팽창시키고, 당장 위기극복에 불필요한 피부 방향의 혈류를 감소시키고, 소화 및 생식활동 등을 유보시키는 등 모든 에너지를 위기상황 대처에 집중시킨다. 부교감신경계는 휴식과 치유를 책임진다. 심장박동과 혈압을 감소시키고, 호흡을 느리게 하며, 입과 눈을 포함한 피부에 혈류를 적절히 공급하여 매끄럽게 만들어 주고, 소화기능과 배설 및 재생산 기능을 강화하고, 동공을 수축하는 등 몸의 치유반응을 자극한다.[1)]

위기와 스트레스 상황에서 교감신경계의 활동은 우리의 생존과 번영을 위해 절대적으로 필요하다. 필요한 경우에는 최대한 빨리 도망가거나 공격을 해야 한다. 이때에는 생존과 관련되지 않은 신체의 기능들은 잠시 보류하고, 오직 살아남는 데 집중해야만 한다. 문제는 이러한 위기상황 모드가 지속적으로 유지된다는 점이다.

현대인들은 너무 바쁘다. 특히 대한민국은 '집단 바쁨병'에 걸려 있다고 할 정도로 우리나라 사람들은 다들 바쁘다. 바쁨도 폭력이라고 한다. 자기가 자신을 괴롭히는 것이다. 바쁨 속에서 자신에게 주어진 일들을 성공적으로 완수하려 하다 보니, 어느 순간부터 전두엽의 시뮬레이션은 자동으로 작동되고, 이에 따라 신체의 교감신경계도 습관적으로 작동이 되고 있다. 현대인들은 일상생활에서 매 상황마다 시뮬레이션을 계속 활용하고, 시뮬레이션의 작용에 의해 과거에 대한 분노와 미래에 대한 불안의 신경망이 계속해서 가동되고 있다.[2)] 밥을 먹을 때도, 잠자리에 누웠을 때도, 꿈속에서조차도.

이에 따라 교감신경계가 쉬지 않고 작동함으로써 몸의 긴장과 스트레스 상태가 끊임없이 유지된다. 나중에는 쉬고 있어도 실제로는 쉬지 못하는 상황에 빠지게 된다. 전두엽의 시뮬레이션 기능이 일상생활을 위기상황으로 인식하여 교감신경계가 계속 작동되기 때문이다. 결국, 한시도 쉬지 못하는 것이다. 그리하여 점점 심신이 피폐해지고, 나중에는 질병이 찾아온다. 위장 관련 질병부터 시작하여, 면역계, 심혈관계, 내분비계 등의 관련 질병이 본격적으로 우리를 괴롭히기 시작한다. 그래서 현재 나의 몸 상태를 보면, 자신의 스트레스 상태를 알 수 있게 된다.

2. 몸 알아차림의
혜택

몸 알아차림이 스트레스 호르몬을 감소시켜 주고, 면역계를 강화한다는 것이 과학적으로 밝혀지고 있다. 특히 스트레스로 인한 과도한 교감신경의 흥분을 가라앉히고 부교감신경의 활성화를 촉진하여 스트레스를 감소시키는 데 탁월한 효과가 있는 것으로 나타났다. 몸 알아차림은 불안, 우울, 주의 결핍 등의 심리적 장애의 치료에도 도움이 되고, 고혈압, 심장질환, 과민성증후군, 식도역류증, 건선, 아토피 등의 신체적 질환의 치료에도 도움이 되며, 만성적인 통증의 관리에도 효과가 있는 것으로 밝혀지고 있다. 그리고 몸 알아차림을 장기간 실행한 사람은 암세포를 제거하는 기능을 하는 자연 살해세포의 활성도가 큰 것으로 나타나기도 했다.

우리의 일상생활에서 몸 알아차림을 통한 여러 가지 이득으로는 다음과 같은 내용을 제시할 수 있다.[3]

육체적 안정 ＊ 몸 알아차림은 육체적인 긴장을 하는 나쁜 버릇과 우리가 어렸을 때부터 해 온 불필요한 격심한 활동 등으로부터 몸을 재교육시킨다. 이러한 것이 모두 몸에 대한 더 큰 알아차림을 불러일으킨다. 몸 알아차림을 통해 자신의 몸에 맞추어진 효과를 느끼고, 긴장은 안정화된다.

주의력 증진 ＊ 주의력은 우리 주변에서 어떤 일이 일어나는지 아는 능력이다. 이것은 또한 무언가가 나타났을 때, 마치 몽상하는 것처럼 내적 생각과 대화를 흩뜨리는 것 대신에 우리의 관심을 한쪽에서 다른 쪽으로 돌리는 능력이다.

집중력 증진 ＊ 모든 몸 알아차림 체계는 집중력에 기초한다. 집중력은 알아차림을 하면서 증진되는데, 몸 알아차림을 하는 사람은 무엇이든 그가 배우는 것이나 하는 것으로 그의 마음을 돌릴 수 있어야 하며, 그 일이 끝날 때까지 그것에 집중할 수 있어야 한다.

생각의 과정에 대한 통제력 향상 ＊ 몸 알아차림을 하는 사람은 어떤 생각에 대해 지각하고 그러한 생각을 관찰하지만, 그것에 의해 탈선되거나 하는 것은 아니라는 것이다. 그러므로 몸 알아차림을 하는 사람에게 있어서 달갑지 않은 생각들은 마음을 빼앗거나 방해하는 힘이 더 약하다.

증진되는 고요함과 스트레스 대처 능력 ✳ 몸 알아차림을 하면 생각이 미치는 영향이 적어지듯이, 감정도 그러하다. 몸 알아차림을 하게 되면 슬픔이나 노여움에 대해서도 알아차리게 되며, 불필요한 생각과 같이 이러한 느낌이 점점 멀어지고, 내적인 평화로움과 고요함을 느끼는 상태가 점점 짙어지게 된다.

3. 몸 알아차림 하나!
긴장 이완

육체적 긴장을 풀게 도와줄 수 있는 한 가지 방법은 편안한 음악을 틀어 놓고, 침대나 바닥에 편안히 눕거나, 혹은 의자에 앉아서, 서서히 각 근육을 안정시켜 주는 것이다. 신체 부위의 근육을 긴장시켰다가 풀었다가 하는 활동을 통해 긴장과 이완의 차이를 느낄 수 있다. 대부분의 사람은 이렇게 하는 데 어려움이 없을 것이다. 긴장 이완법에 대해 이해하기 쉽도록 보다 구체적으로 안내를 하면 다음과 같다.

이제부터 각 신체 부위에 힘을 잔뜩 주었다가 풀어놓습니다.

눈, 눈에 힘을 잔뜩 줍니다. 그리고 풀어놓습니다.

입, 입에 힘을 잔뜩 줍니다. 그리고 풀어놓습니다.

어깨, 어깨에 힘을 잔뜩 줍니다. 그리고 풀어놓습니다.

가슴, 가슴에 힘을 잔뜩 줍니다. 그리고 풀어놓습니다.

배, 배에 힘을 잔뜩 줍니다. 그리고 풀어놓습니다.

엉덩이, 엉덩이에 힘을 잔뜩 줍니다. 그리고 풀어놓습니다.

발가락, 발가락에 힘을 잔뜩 줍니다. 그리고 풀어놓습니다.

이제부터는 신체 부위와 그 느낌에 차례로 주의를 기울입니다.

발바닥, 발바닥에 주의를 기울입니다.

무릎, 무릎에 주의를 기울입니다.

엉덩이, 엉덩이에 주의를 기울입니다.

배, 배의 느낌에 주의를 기울입니다.

등, 등에 주의를 기울입니다.

눈, 눈에 주의를 기울입니다.

코, 코에 주의를 기울입니다.

코끝에서 숨이 들어오고 나가는 것을 가만히 지켜봅니다.

긴장과 이완을 통한 몸 알아차림이 끝나면, 눈을 살며시 뜨고 이제 막 경험하고 있는 안정된 마음을 간직한 채로 일어서야 한다. 만약에 주변 환경이 허락한다면, 조용히 움직이며 물건을 들었다 내려놓았다 하거나, 혹은 일상생활에서 접하는 어떠한 육체적 활동이라도 할 수 있다. 하지만 항상 평온한 마음과 안정된 몸을 유지하면서 해야 한다.

4. 몸 알아차림 둘!
호흡 알아차리기

호흡 알아차림은 자신의 호흡을 헤아리며 느낌과 생각을 감지하고 허용하는 체험을 해 보는 과정이다. 호흡을 관찰하는 방법을 통해 있는 그대로 감지하고 허용하는 능력을 증진할 수 있다. 숨을 들이쉴 때 마음속으로 하나를 헤아리고, 숨을 내쉴 때 하나를 헤아린다. 다시 들이쉬면서 둘을 세고, 내쉬면서 둘을 센다. 이렇게 다섯까지 세고 나면 다시 하나로 되돌아온다.

숫자를 헤아리는 것은 당신의 마음을 호흡에 집중할 수 있게 해 주는 하나의 끈과 같다. 이 훈련은 당신의 생각과 느낌을 의식하게 되는 과정의 시작이다. 그러나 깨어 있지 않는다면 헤아리는 숫자를 잊어버리게 될 것이다. 숫자를 놓칠 때는 그냥 하나로 다시 돌아가서 제대로 숫자를 헤아릴 수 있을 때까지 계속하라. 당신이 흥분해 있거나, 혹은 산만해져 있을 때, 그리고 힘들 때는 당신의 호흡을 관찰하라. 호흡을 붙들고 있는 것이 바로 깨어 있는 것이다. 당신의 호흡은 당신의 의식을 붙들 수 있는 훌륭한 도구이다.

호흡을 알아차리는 동안 여러 가지 감정과 생각이 일어날 수 있다. 당신이 호흡을 지켜보고 있지 않으면 이러한 생각들이 곧 당신의 집중을 방해할 것이다. 그러나 호흡은 단순히 이러한 생각과 감정들을 물리치는 수단이 아니다. 호흡은 몸과 마음을 연결해 주고 지혜의 문을 열게 해 주는 수단이다. 어떤 감정 혹은 한 생각이 일어날 때 호흡에 계속 집중하면 그것이 자연스럽게 사라지지만 당신은 그것을 의도적으로 물리치려고 해서는 안 된다. 그러한 생각이나 감정을 물리치려 하거나, 싫어하거나, 걱정하거나 혹은 겁을 먹어서는 안 된다. 그러면 도대체 그러한 생각과 느낌을 어떻게 해야 할까? 그저 지켜보기만 하라.[4]

예를 들어, 슬픈 감정이 일어나면, 즉시 '나는 지금 슬프다.'라고 알아차려라. 계속 슬픔을 느낀다면 '나는 계속 슬프다.'라고 알아차려라. '밤이 늦었는데도 이웃 사람들이 너무 시끄러운 소리를 낸다.'라는 생각이 들면 그 생각이 일어났음을 의식하라. 그 생각이 계속 들면 그것을 계속 인식하라. 다른 느낌이나 생각이 일어나면 그것을 이와 같이 알아차려라. 이러한 방법을 통해 자신의 느낌과 생각을 항상 인식할 수 있게 될 것이다. 호흡을 관찰하는 일과 느낌과 생각을 지켜보는 일을 함께하는 방법이다.

5. 몸 알아차림 셋!
행동하며 알아차리기

몸 알아차림은 생활을 하면서 계속 유지할 수 있다. 그 일환으로 큰 방이나 넓은 공간에서, 마치 달걀 위를 걷거나, 숲속에서 나뭇가지를 밟지 않고 누군가를 미행하듯이, 가능한 한 부드럽고 조용하게 방을 돌아다녀 보자. 뒷발을 들어 앞으로 내미는 허벅지 근육과 땅에 닿으려 내려가는 발, 허공에서 앞으로 뻗어 나가는 몸통, 균형을 유지하기 위해 움직이는 손과 팔 등의 매 움직임을 인식하면서, 몸에 대한 인식은 자기인식의 통로이다. 이 활동은 좀 더 미묘하며, 몸의 움직임뿐만 아니라, 그러한 움직임 뒤에 있는 감성적이고, 이성적이며, 추상적이며, 신비한 자신을 인식하는 것이 목적이다.

그리고 이번에는 다음과 같이 걸으면서 자신의 행동과 주의를 의식하면서, 호흡 알아차림의 경우와 마찬가지로 일어나는 생각과 느낌을 알아차리는 연습을 해 볼 수 있다.

걸으면서 스스로에게 '나는 걷고 있다.' '나는 무엇 무엇을 보고 있다.' 또는 '나는 무엇 무엇을 듣고 있다.' 라고 현재 보거나 들리는 것에 대하여 마음속으로 말하는 것을 반복하십시오. 만약 다른 생각이 머릿속에 침입한다면, 그 생각을 따라가지 말고, 스스로에게 '나는 생각하고 있다.' 라고 속으로 말하십시오. 만약 여러분이 어떠한 감정이라도 느낀다면, 스스로에게 '나는 무엇을 느끼고 있다.' 라고 마음속으로 그 느낌에 대해서 말하면서 계속 걷기를 해 보십시오.

이 연습이 끝나고 나면, 우리가 얼마나 끊임없이 일어나는 생각에 사로잡혀 있는지, 또한 얼마나 현재를 놓치고 사는지에 대해 새삼 인식하게 될 것이다.

6. 몸에 대한 러블리 어텐션

앞 장에서 "러블리 어텐션은 지금 여기에서here and now, 사랑스러운 마음으로with lovely heart 수용적인 관심acceptable attention을 보내는 것"이라고 말하였다. 몸에 대한 자각을 계속하다 보면, 자신의 행동과 신체감각을 객관적으로 관찰하는 태도와 함께, 지금 여기에서 사랑스러운 마음으로 관심을 기울이는 역량을 자연스럽게 함양할 수 있게 된다. 그리고 그 과정 속에서 '내가 살아 있는 것' '내가 여기 있다는 것을 아는 것' '행복' '슬픔' '이 순간에 내가 느끼는 것' '그 순간에 내가 생각하는 것' 등에 대해 새삼 소중하게 인식이 되고, 때로는 스스로 자신의 신체감각에 대해 사랑스러운 마음이 들기도 한다.

헤이즈Hayes와 스미스 Smith[5]에 따르면, 대상에 대해 친절하고 사랑스러운 자세를 취함으로써, 마치 손 위의 귀한 물건을 찬찬히 관찰하는 것처럼, 자신의 경험을 더 잘 알아차릴 수 있게 되는 방식으로 '기꺼이 경험하기' 방식을 제안하고 있다. 기꺼이 경험하기란 '더 좋게 느끼려고' 노력하는 것이 아니라, '더 잘 느끼는' 법을 배우는 것이다. 심지어 '나쁜' 신체감각조차도 더 온전하게 느낌으로써 자신의 삶을 더 완전하게 영위할 수가 있다.

몸에 대한 러블리 어텐션은 '기꺼이 경험하기' 방식을 내포하고 있다. 몸에 대한 러블리 어텐션은 자신의 행동과 신체감각에 대해 사랑스러우면서도 수용적인 자세를 취하면서 어떠한 신체감각조차도 더 온전하게 느끼려고 노력하는 것이다. 마치 어린아이나 혹은 애완동물을 사랑스럽게 대하듯, 신체감각에 관심을 주고 사랑을 기울여 주는 것이다. 감지되는 신체감각을 음미하면서, 때로는 해당 부위에 손바닥을 얹고 그 부위를 가볍게 두드리거나 쓸어 주면서, '왔구나! 어디에 있다가 왔니? 너 많이 힘들었겠다! 언제든지 또 와. 내가 관심을 주고 사랑해 줄게.'라고 다독여 주면 된다.

7. 몸을
알아차리면

어떠한 방식으로든 몸 알아차림을 효율적으로 하게 되는 것은 쉬운 일이 아니다. 하지만 몸 알아차림은 매우 가치 있으며, 보람이 있는 일이며, 끈기 있게 해 볼 만한 것이다. 몸 알아차림이 효과가 없다고 느끼며, 그것을 포기하고 싶을 때가 있을 것이다. 이러한 내용은 몸 알아차림을 배울 때 따르는 자연스러운 현상이다. 심지어 숙련가들조차 때때로 몸 알아차림을 하거나 주의력 있게 있는 것이 어렵다고 한다. 결코 몸 알아차림을 억지로 강행하지 말라. 부드러운 끈기와 인내가 성공으로 이끄는 핵심이다. 새로운 세상에 대한 경험이 당신과 당신이 가르치는 이들을 위해 열려 있다. 앞 장에서 제시한 연습들을 실행하기 시작하는 것은 여러분이 알아차림으로 가는 길고 흥미로운 여행으로의 첫 번째 중요한 발걸음이 될 것이다.

다음은 알아차림을 배운 사람들이 몸 알아차림을 통한 경험을 보고한 내용이다. 이 내용을 살펴보면, 몸 알아차림에 대해 더욱 구체적으로 이해할 수 있을 것이다.[6]

* 알아차림을 통해 화가 나면 일으켰던 급성위염, 포도알 같은 것이 목구멍에 걸려 있는 듯한 불편감이 사라져 몸이 편안해지는 것을 느낀다.
* 목과 등이 뻣뻣하게 굳는 증상을 그냥 몸의 문제라고만 생각했다. 하지만 알아차림을 배우면서 목과 등에서 전해 오는 아프다는 느낌에 관심을 갖고 집중하면서 마음에 쌓여 있던 스트레스, 긴장감에서 비롯된 것임을 알게 되는 계기가 되었다.
* 아, 발끝에서부터 머리까지 뜨거운 온천물처럼 용솟음치며 올라오는 것처럼 온몸이 뜨거워지고 열기가 가라앉지가 않았다. 하아… 미처 알지 못했던 사실에 나는 당황하기도 했고, 용솟음치던 열기도 완전히 사라지지 않았고 내 명치가 턱 막혀 오는 것이 느껴졌다. 알아차리는 순간, 명치에 걸려 있던 뼈다귀 같은 게 사라지면서 용솟음치던 열기가 순식간에 사라진 것을 느꼈다.
* 눈을 감고, 숨을 내쉬고 들이쉬며 감각을 느끼며 나에게 집중하는 시간… 내 몸의 소중함을 깨닫게 되었다.

Chapter 3

느낌 알아차림

1. 감정
소용돌이

전두엽은 행동을 주시하고, 감독하고, 이끌고, 집중시키는 대뇌피질의 영역이다. 목표 지향적이고, 사회적으로 책임이 있고, 상황에 적절한 행동을 만들어 준다. 반면, 편도로부터 입력되는 감정 신호는 행동조절 역할을 담당하는 전두엽에 영향을 주어 행동 출력이 감정의 영향을 받게 한다. 그리하여 우리의 생각이 자기 주관에 갇혀 감정적 판단에서 벗어나기 어렵게 만든다. 신경회로의 구조를 볼 때, 논리가 감정을 억누르기 힘들게 생겼다. 전두엽에서 편도체로 나가는 것보다 편도체에서 전두엽으로 들어가는 신경섬유의 수가 많기 때문이다. 감정이 점점 강해지면 주변의 뇌 활동 영역을 잠식한다. 결국 뇌의 모든 활동이 감정의 소용돌이에 모두 빨려들면서 우리 뇌는 감정 소용돌이 상태에 점령이 된다. 여기에서 합리적이고 이성적인 판단을 담당하는 전두엽도 감정의 영향권에 들게 된다.[1]

특히 '빗나간' 청소년과 성인의 뇌에서는 전두엽이 제대로 작용하지 않는다. 앞서 편도체는 감정적인 작용과 관련이 있다고 하였다. 편도체는 매우 본능적이고 충동적이며, 원시적인 동물의 행동을 유발한다. 이 편도체의 기능을 전두엽이 사회적·문화적 기준을 참조하면서 억제하고 있다. 만약 전두엽이 제대로 작용하지 않으면, 편도체의 감정이 폭발하게 된다. 그것이 '빗나가는' 현상이 된다.[2]

뇌의 작용과 관련하여 이러한 정서적 문제가 효율적으로 제대로 다뤄지지 않기 때문에 청소년들이 여러 가지 문제를 일으키거나, 심지어 성인이 되어서도 가정과 사회에서 다양한 문제를 일으키게 된다. 그러나 동물의 감정은 본능적 욕구에 구속되어 있지만, 인간은 전두엽 기능을 발달시켜 감정의 본능적 표출을 조절하고 사회적으로 순화된 정서로 바꿀 수도 있다. 전두엽의 중요 기능이 충동조절인데, 이는 바로 본능적 감정의 직접적 표출을 통제한다는 것이다. 반면에 술이나 약물에 취한 상태에서 조리 없는 감정적 말과 행동을 반복하는 것은 전두엽의 제어 능력이 약화되었기 때문이다.

전두엽은
행동을 주시하고,
감독하고,
목표지향적이고,
사회적으로
책임이 있고,
상황에 적절한 행동을
만들어 준다.

반면,
편도체로부터 입력되는
감정 신호는 전두엽에
영향을 주어 행동 출력이
감정의 영향을
받게 된다.

만약,
전두엽이 제대로
작용하지 않으면,
편도체의 감정이
폭발하게 되어
'빗나가는' 현상이 된다.

2. 전두엽의
느낌 알아차림

전두엽을 활발하게 작용시킴으로써, 감정적 상태에 대한 인식능력이 발달하여 의식화된 느낌이 생성된다. 감정적 상태를 관찰하여 자신이 감정회로에 갇혀 있음을 깨닫고 멈추는 것이다. 바로 이처럼 감정회로에서 벗어나는 방법은 우선 멈추고 감정을 알아차리는 것이다. 느낌 알아차림을 효율적으로 수행하기 위한 방안으로 필자는 문제소유 개념을 활용하고 있다. '문제란 마음이 불편한 상태'이며, '문제소유란 마음이 불편한 상태에 있는 것'을 말한다. 그리고 '마음이 불편한 상태에 있는 사람은 문제를 소유하였다.'라고 할 수 있다. Gordon의 '효율성 훈련'[3]에서 제시하고 있는 '문제소유'의 개념과는 다소 다르게, 여기에서는 상황이 어떠하였든 간에 '마음이 불편한 사람'이 '문제를 소유한 사람'이 된다.

문제를 소유하게 되면, 서서히 감정이 이성을 마비시키는 '감정의 홍수상태'에 빠져들게 된다. 편도의 감정 발현이 전두엽의 이성적 기능을 잠식하여 합리적인 판단과 행동을 방해하게 되는 것이다. 어떤 사회학자의 연구에 따르면, 감정의 홍수상태에 빠졌을 때는 지능이 최고 30%가량 저하될 정도로 어리석게 판단하고 행동을 할 위험이 있다고 한다.

그런데 문제를 소유한 때에 느낌을 알아차리게 되면, '우선멈춤'의 효과가 발생한다. 잠시 마음에 산소호흡을 해 주는 것 같은 여유가 생기기도 한다. 마음의 여유가 생기면, 즉각적인 반응을 하는 대신 상황에 맞는 적절한 대처 방안을 채택하여 사용해 볼 수도 있다. 이처럼 문제를 소유했을 때에 '문제소유 가리기'를 하게 되면, 느낌 알아차림을 통해 스스로 자신의 문제에 대해 거리를 두고 바라보게 되고, 잠시 감정이 진정되기를 기다릴 수 있게 되고, 서로의 감정이 손상될 수도 있는 말을 자제하고, 객관적으로 해결책을 생각해 보게 되는 효과가 있다.

결국 우리는 시기적절한 알아차림으로 자신의 감정을 효율적으로 다스리려고 늘 애쓰는 노력이 필요하다. 그리하여 일상생활에서 수시로 자신이나 상대의 마음이 불편한 상태에 있는 것을 알아차리는 순간, '아! 내가(혹은 상대가) 문제를 소유했구나!'라고 알아차리게 되는 것이다. 바로 이 문제소유 가리기 방식이 전두엽으로 하여금 적절한 시점에 느낌을 알아차리게 함으로써 감정의 소용돌이에서 효율적으로 벗어날 수 있도록 해 줄 것이다. 문제소유 가리기를 실천하였던 여러 경험자의 말에 따르면, 모든 문제소유상태에서 이러한 원리가 적용되며, 특히 감정이 불편한 스트레스 상황과 대인관계문제에서 아주 큰 효과를 발휘하는 것으로 확인되었다.

3. 느낌에 대한
러블리 어텐션

마음은 받은 대로 돌려준다. 불편한 마음을 향해 '이것 때문에 힘들어 죽겠네.'라고 생각하면 할수록, 마음은 점점 더 자신을 힘들게 만든다. 반면, 자신의 마음이 불편함을 알아차리는 순간에 '아, 그분이 오셨네!'라고 환영의 마음을 보내면, 자신의 마음이 차츰 환영 에너지로 채워질 것이다. 그래서 필자와 함께 알아차림을 행하고 있는 사람들은 '그분이 오셨네' 또는 줄여서 '그오네!'라는 용어가 하나의 약속처럼 공식적인 명칭이 되어 버렸다.

언제라도 자신 또는 상대의 마음이 불편함을 알아차리게 되는 순간, '그분이 오셨네!'라고 스스로 자신의 마음을 챙기거나, 상대방의 마음을 알아차려 주면 된다. 그러다 보면 어느 때는 마음이 불편함에도 불구하고, 알아차리는 순간 빙그레 미소를 짓게 되기도 한다.

어떤 감정이 오더라도 그 느낌을 감지하고, 느껴 주고, 가만히 머물러 주고, 산모가 배 속의 태아에게 말하듯이 그 느낌에게 마음속으로 말을 건네 줄 수도 있다. 신체감각의 경우와 마찬가지로, 눈을 지그시 감은 채 감지되는 자신의 느낌을 음미하면서, 또 때로는 감지가 되는 가슴 부위에 손바닥을 올려놓은 채 가볍게 어루만져 주면서, '그래 왔구나. 어디에 있다가 왔니? 너 많이 힘들었겠다! 언제든지 또 와. 내가 관심을 주고 사랑해 줄게.'라고 위로와 지지를 하면 될 것이다. "돌아온 탕자를 사랑해 주어라."라는 말씀이 있다. 그렇다면 자신과 자신의 마음을 사랑해 주는 것은 왜 하지 못하겠는가?

4. 느낌을
알아차리면

'문제소유 가리기'와 '그분이 오셨네!' 등의 방식을 통해 알아차림을 실행해 온 사람들이 여러 가지 다양한 경험들을 보고해 주었다. 필자가 운영하는 알아차림 관련 온라인 '자각기반상담' 카페http://cafe.daum.net/awareness0에 2,000개가 넘는 경험담들이 게재되어 있는데, 이 중 느낌 알아차림과 관련된 내용이 가장 많은 부분을 차지하고 있다. 이 내용을 분류해 보니 다음과 같이 일곱 가지 영역으로 정리가 된다.[4]

첫째, 스트레스가 감소하고 마음이 편안해진다.

둘째, 인간관계가 개선되고, 특히 가족관계가 긍정적인 방향으로 변화된다.

셋째, 감정의 홍수상태에서 벗어나 상황에 적합한 판단과 행동을 하게 된다.

넷째, 자기이해와 자기수용의 폭이 넓어지면서 자기성장이 촉진된다.

다섯째, 느낌 알아차림 능력이 함양됨으로써 감수성과 공감능력이 증대된다.

여섯째, 상대의 문제가 내 문제가 되는 문제의 전이(혹은 역전이)가 줄어든다.

일곱째, 자신과 상대를 포함하여 인간에 대한 긍정적 관점이 발달한다.

다음에서 느낌 알아차림과 관련한 구체적인 내용을 일부 제시해 보았다.[5]

* 느낌 알아차림을 통해 나의 감정, 생각, 느낌에 집중하다 보니 불평하는 가족들의 말을 인정하고 싶지 않아 올라오는 '화'라는 감정을 '아! 그분이 오셨구나.'라고 알아차리면서 감정의 파도에 휩쓸리지 않게 되어 마음이 차분해짐을 경험했다.

* 감정이 올라오는 상황이 되었을 때, '문제소유 가리기를 할 수 있는 건수가 왔구나!'라는 것을 알아차릴 수 있게 되면서 감정을 조절할 수 있다.

* 확 올라오던 감정을 바라보고, 머무르기를 하면서 거짓말처럼 불쾌한 감정이 사라지는 느낌을 경험할 수 있었다.

＊ 느낌 알아차림을 통해 감정을 조절하고 다스리는 방법을 배웠다. 미운 감정이 올라오는 순간 조용히 호흡하여 몇 초간 침묵을 유지하고 올라온 감정의 정체를 확인하다 보면 감정이 다스려지고 있었다.

＊ 상대방의 말에 귀를 기울여 경청하고, 상대방을 평가하거나 비판하지 않고 있는 그대로 볼 수 있게 된 것이 알아차림을 통한 나 자신에 대한 큰 변화이다.

＊ 가족과 대화를 하던 중에 화가 나면 내 맘대로 표현하여 갈등이 생겼고, 그 후에는 후회를 하곤 했는데…. 알아차림은 차근차근 생각할 수 있게 하는 차분함을 주었다.

＊ 딸아이가 화를 내더라도 '아, 지각할까 봐 걱정이 되어서 화가 나는가 보다.' 라는 생각을 할 수 있었고, 그 순간 내 마음에 요동이 없음을 경험하면서 타인의 감정에 대해서 인정하고, 이해하는 데 도움이 되었다.

＊ 느낌과 생각을 알아차리게 되면서 상대방을 이해하고 인정하려는 노력을 하게 되었고, 그로 인해 삶이 편안하고 행복해졌다.

불평하는 가족들의 말을
인정하고 싶지 않아 올라오는
'화'라는 감정을
"아! 그분이 오셨구나."라고
알아차리면서 감정의
파도에 휩쓸리지 않게 되어
마음이 차분해짐을 경험했다.

미운 감정이 올라오는 순간
조용히 호흡을 하여
몇 초간 침묵을 유지하고
올라온 감정의 정체를
확인하다 보면
감정이 다스려지고 있었다.

확 올라오던 감정을
바라보고, 머무르기를 하면서
거짓말처럼 불쾌한 감정이
사라지는 느낌을
경험할 수 있었다.

대화를 하던 중에
화가 나면 내 맘대로 표현하여
갈등이 생겼고, 그 후에는
후회를 하곤 했는데…
알아차림은 차근차근 생각할 수
있게 하는 차분함을 주었다.

Chapter 4

생각 알아차림

1. 생각인가?
사실인가?

언어는 실제로 세상에 작용하는 것이 아니라, 뇌가 만든 상징적 도구이다. 우리는 언어를 통해 생각한다. 따라서 생각은 상징적인 의미를 지닐 뿐이며 실제로 어떤 작용을 하는 것은 아니다. 그런데 우리는 마치 생각이 가리키는 실제 대상을 조작하고 있는 것처럼 여기게 되고, 나중에 우리는 생각이 지칭하는 것에 기초하여 생각에 반응한다. 이처럼 우리의 생각을 마치 사실인 것처럼 간주하는 경향을 '인지융합cognitive confusion' 이라고 말한다.[1]

인지융합은 크게 평가과정과 자기개념화과정으로 나눌 수 있다. 예를 들어, 첫째, 평가과정에 해당하는 사례들을 살펴보면, '아이들은 귀찮다/또는 귀엽다.' '남편은 이기적/또는 희생적이다.' '직장은 피곤한 곳/또는 힘을 주는 곳이다.' '아버지는 권위적이다/또는 자상하다.' '엄마는 간섭/또는 사랑을 많이 한다.' 등과 같은 내용이다. 둘째, 자기개념화과정에 해당하는 사례들을 살펴보면, '나는 무능/또는 유능하다.' '나는 못났다/또는 잘났다.' '나는 자신감이 부족해.' '나는 게을러.' 등의 내용이 해당된다. 평가과정과 자기개념화과정의 내용은 모두 자신의 생각이 만들어 낸 해석일 뿐인데, 많은 경우 사람들은 이를 사실로 받아들이게 된다.

어떤 학자의 주장에 의하면, 우리가 사실에 근거하여 반응하는 경우는 전체 행동의 10% 미만이며, 나머지 90% 이상은 자신의 해석에 근거한다고 한다. 현실생활에서 우리는 해석을 하지 않고 살 수는 없다. 그러나 그 해석으로 인해 자신의 감정뿐만 아니라 관계마저도 손상시키는 경우가 문제이다. 심지어는 사실과 해석을 제대로 구분하지 못하고, 자신의 해석을 변화할 수 없는 사실로 여기게 되는 오류를 범하는 경우가 종종 발생하곤 한다.

예를 들어, 어느 교사는 '학생들은 나를 피곤하게 만든다.'에 대해 사실이라고 단정하면서 "오늘 아침에도 학생들이 덤벼들었는데요!"라고 불만을 토로하였다. 이처럼 '학생들은 나를 피곤하게 만든다.'라는 자신의 생각을 사실로 여기게 되면, 이 교사는 학생들을 대할 때마다 점점 더 짜증이 나고, 학생들과의 관계가 개선되지 않거나, 오히려 악화될 가능성이 커지게 된다.

2. 자동적인 부정적 사고

자신이 만든 해석과 관련하여 삶의 과정에서 쌓여 있던 미해결 감정과 연결이 되고, 그 미해결 감정이 강할수록 제 Chapter 1에서 기술한 전두엽의 자율적인 시뮬레이션 작용이 왕성하게 진행된다. 대개는 자신의 인지적 홈cognitive groove[2]에 따라 생각이 흘러가며, 이때 하게 되는 생각들은 대부분 자동적인 부정적 사고automatic negative thought: ANT들이다.

그리하여 ANT는 악순환적으로 자신의 감정을 더욱 힘들게 만들게 된다. 나중에는 전두엽의 자율적인 시뮬레이션작용이 스스로 통제할 수 없는 자동학습으로 되어서 더 빠르고 강하게 ANT를 만들어 내고, 이로 인해 자신의 마음은 점점 더 고통과 괴로움에 빠지게 되고, 상황까지 악화시키게 될 위험이 커지게 된다. 이른바 '공포의 숙성'이 되는 것이다. 그리고 자신은 그러한 생각을 하지 않기를 바라지만, 오히려 그럴수록 더 그런 생각을 하게 되는 모순적인 상황을 맞이하게 된다.

예를 들어, 마주 보며 지나치면서 인사를 했는데 반응을 해 주지 않고 그냥 지나치는 어떤 상대에 대해 '이 사람이 나를 무시하네.'라는 생각이 들면서, 자존심이 상하거나 그 상대에 대한 반감이 지속적으로 만들어지는 경우가 이에 해당한다. 또한 의도한 대로 실행하지 못한 자신에 대해 '나는 무능해. 아무것도 제대로 하는 게 없어.'라고 생각하면서 자기비난과 그에 따른 불편한 감정이 자신의 마음을 지배하게 되고, 어떤 일을 추진하는 데 점점 자신감을 잃어 가게 되는 자신을 인식하면서 '이런 내가 싫어. 앞으로 이런 생각을 하지 말아야지.'라고 결심을 해 보지만, 마음먹은 대로 안 되어 이제는 그 상황이 반복적으로 재현될까 미리부터 두려워하는 예상불안에 빠지게 되는 경우가 이에 해당한다.

어느 학자는 이처럼 스스로 만들어 놓고 그로 인해 어리석게 행동하게 되는 자신의 부정적 생각을 비유적으로 '바보의 벽'이라고 칭하기도 하고, 또 다른 어느 학자는 그러한 생각에 갇혀 있는 사람을 '상자 속의 사람'이라고 부르기도 하며, 혹자는 인류가

가진 중독 중 최악의 중독이 '부정적 사고의 중독'이라고 한다. 이 자동적 부정사고$_{ANT}$ 가 모든 고통과 괴로움의 원인이 된다. 동서고금을 막론하고 많은 정신적 스승들과 학자들은 부정사고의 폐해를 지적하고, 부정적 사고에서 벗어날 수 있는 다양한 방안에 대해 나름대로 제시를 하고 있다.

3. '생각'을
'생각'으로 보기

인지치료의 창시자인 벡Beck은 "우리는 자신의 도식schema으로 현실reality을 바라본다."고 하였다. 그에 의하면, 생각thought이란 도식을 통하여 현실을 구성construction한 결과이다. 따라서 우리의 생각은 있는 그대로의 현실의 반영일 수 없으며, 개인의 주관적 현실subjective reality은 객관적 현실objective reality과 다를 수밖에 없다.[3]

이와 같은 입장에서 생각 알아차림을 하면 '인지적 융합'에서 '인지적 탈융합'이 된다. 알아차림을 통한 인지적 탈융합의 방법은 우리가 생각하고 있는 것을 객관적으로 알아차림으로써 거리두기distancing를 하는 것이다. 시냇물에 떠내려가는 나뭇잎을 지켜보듯, 마음을 지켜보는 것이다. 생각 '에서' 보는 것이 아니라, 생각 '을' 본다. 그렇게 되면, 생각에 '낚인' 사람이 아니라, 생각을 '낚는' 사람이 된다.[4] 즉, 생각의 노예에서 벗어나 생각의 주인이 되는 것이다.

그리고 인지적 탈융합이 되면, 자동적인 부정적 사고ANT가 자연스럽게 자동적인 긍정적 사고automatic positive thought: APT로 전환이 된다. 예를 들어, 자신이 선물로 받은 옷을 아내가 큰아들에게 주려고 가져갈 때, '아내는 애들을 더 좋아해. 집에 들어와 봐야 소용없어. 나는 돈 벌어다 주는 기계야.' 등등 부정적인 사고가 자동적으로 만들어졌다면, '아, 내가 아내는 애들을 더 좋아한다는 생각으로 문제를 소유하고 있구나.'라고 자신의 생각과 느낌을 알아차리는 순간, '아니지. 아내는 엄마니까 애들이 먼저 눈에 들어오는 거야. 애들도 사랑하지만, 나도 사랑하잖아. 그리고 우리 애들을 잘 챙겨 주니 얼마나 고마워.'라는 긍정적인 생각으로 자연스럽게 전환이 된다. 생각을 억지로 바꾸려 하는 시도는 바람직하지 않다. 억압된 생각과 감정은 팽창되어 나중에 더 크게 폭발을 하게 된다. 그냥 알아차리면 자연스럽게 변화가 일어난다.

ANT를 억압 또는 회피하거나, 억지로 변화시키려고 시도하는 것은 바람직하지 않다. 그렇게 되면, ANT가 무의식 속에 잠재되어 스스로를 괴롭히고, 나중에는 더 크게 폭발할 위험이 있다. 그런데 알아차림을 하게 되면 ANT가 자연스럽게 APT로 전환이 된다. 나아가 고통의 회피에서 '기꺼이 경험하기'[5]로 고통을 대하는 태도가 변화하게 된다.

4. 생각에 대한 러블리 어텐션

상위인지meta-cognition는 개인이 자신의 인지에 관해 인식하고 인지를 통제하는 능력으로, 인지적 과정과 전략을 알려 주며 조정하는 역할을 한다.[6] 그리고 상위인지자각meta-cognition awareness은 생각이 떠오르는 순간에 생각을 생각으로 경험하는 것으로서, 생각을 생각으로 경험한다는 것은 마음속에 떠오른 생각을 현상에 대한 정확한 반영이 아니라 마음에서 일어났다가 사라지는 정신적인 사건으로 경험하는 것이다.[7] 예를 들어, 마음속에 떠오른 생각을 알아차리면서, '(내가 생각을) 만들었구나.'라고 인식하게 된다.

상위인지자각은 탈자동화, 탈중심화, 탈동일시 효과를 가져다준다.[8] 탈자동화deautomatization는 과거로부터 의식되지 않은 채 자신의 삶을 움직여 왔던 자동적이고 습관적이었던 인지과정이 약화되는 것으로, 분석, 사유, 논리로 가공해 마음을 채우는 방식에서 벗어나 마음노폐물을 가공하지 않고 마음공간에서 비워 내게 되는 효과를 가져오게 된다. 탈중심화decentering는 자신의 사고와 감정을 "마음속에 일어나는 일시적인 정신적 사건"으로 관찰하는 능력을 의미하며, 거리두기distancing와 유사한 개념으로 자신을 생각으로부터 분리하여 거리를 두는 것이다.[9] 탈동일시disidentification는 개인의 내적 경험을 관찰하는 관찰자아의 능력을 촉진함으로써, 과거에 '나'로 동일시하여 착각했던 '일상의 나'를 집착 없이 하나의 대상으로 바라보는 상태에 도달하게 되는 것이다.[10]

이러한 심리 기제들은 유사하면서도 다소 다른 것으로 설명이 되기도 하지만, 이와 같은 심리치유 작용을 유지하도록 하는 데는 상위인지자각meta-cognition awareness이 동일하게 선행되어야 한다.[11] 필자의 경험과 여러 연구결과에 비추어 볼 때, 알아차림을 통해 일단 상위인지자각의 체험이 되면, 자연스럽게 심신의 스트레스가 감소하고 행동의 변화가 일어나기도 한다. 나아가 자신과 타인에 대한 관점을 긍정적으로 변화시켜 줌으로써, 더욱 탄력적으로 심신스트레스 감소와 행동변화를 가져다주기도 한다. 그래서 '언제든지 와라. 내가 지켜봐 줄 테니까.'라는 마음가짐으로 고통을 직면할 수 있게 된다.

5. 생각을 알아차리면

생각 알아차림에 기초하여 인지적 경험 양식의 변화가 일어나고, 이를 통해 우리들로 하여금 언어로 상징화되는 가상세계에 갇힌 상태에서 벗어나도록 해 줌으로써, 여러 가지 심리적 · 신체적 · 행동적 변화를 가져오게 해 준다. 이와 같은 내용을 보다 구체적으로 이해하기 위해 필자가 상담 및 교육을 통해 참여자로부터 확인하였던 생각 알아차림 경험 내용을 간략히 제시하면 다음과 같다.[12] [13]

* (공황장애로 고통을 겪고 있는 사람의 이야기) '운전을 할 때 내가 또 어지러우면 어쩌지… 또 어지럽나?' 확인하는 거예요. 그래서 제가 '이걸 확인하고 있구나!' 라고 알아차림하고 확인하고 있는 나를 보게 돼요. 나를 보면서 어지럽지 않은 것을 알게 되고 …… 작년에도 확인을 계속 했는데 확인을 하면 곧 어지럼증이 생겼어요. 그런데 '내가 확인하고 있구나.' 라고 알아차림을 하면서부터 괜찮아지고 있어요.

* 막연한 미래에 대한 불안들에 대해 휩싸여 생각에 생각을 더하고 있을 때, 그것을 알아차리게 되면 '아, 또 내가 다가오지도 않을 미래에 대하여 생각을 하고 있구나!' 라는 알아차림에 지금 이 순간으로 다시 돌아오게 됩니다.

* 사람과의 관계에서 엄청나게 신경을 쓰고, 의식하게 되는데 그 순간을 알아차리게 되면, '아~ 또 내가 쓸데없는 생각을 하고 있구나! 이것도 내 생각일 텐데… 저 사람이 어떤 상황이고, 어떠한 생각을 하는지는 알지도 못하면서 또 내가 생각을 만들어 내고 있구나!' 라고 알아차림을 하며, 현재 지금 이 순간으로 다시 돌아올 수 있습니다.

* 알아차림을 통해 나의 비합리적인 신념이 갖고 있는 자동적 사고방식을 이해하게 되면서 사실과 생각을 구분할 수 있게 되었다.

* 감정 뒤에 숨어 있는 생각들을 알아차리면서 나는 어떤 가치, 기대 그리고 나의 경험에 대해 생각해보는 귀한 시간을 갖게 되었다.

* 다른 사람들이 '나를 좋지 않게 보면 어쩌나?' 라고 의식하는 나를 발견하게 되면서 그것이 사실이 아닌 내 안의 생각임을 알아차리게 되었다.

* 관계 속에서의 갈등이 생겼을 때 '이것은 내 생각으로 꼬리에 꼬리를 물어 가면서 자꾸만 생각을 만들고 있구나!' 라는 것을 알아차리게 되면서 생각의 단식이 되고, 머무르기를 할 수 있다.

Chapter 5

기억 알아차림

1. 마음대로
안 되는 이유는?

프로이트Freud에 의하면, "인간의 삶에서 의식이 지배하는 부분은 5% 미만이고, 나머지 95% 이상은 무의식이 지배한다."고 주장한다. 그래서 우리가 의식적으로 무엇인가를 하고자 다양한 결심을 하지만, 대부분이 의도대로 되지 않는 이유는 이처럼 무의식이 우리의 행동을 지배하기 때문이다. 알아차림의 실천 행동도 마찬가지이다. 신체, 감정, 인지 알아차림을 배워서 적용해 보려 하지만, 실제 상황에서는 여러 가지 변수로 인해 마음대로 되지 않은 경우가 많다. 왜 마음대로 되지 않은 것일까? 그 이유를 무의식에 저장된 기억에서 찾아볼 수 있다.

생존에 중요한 사건들은 사건의 감정적 측면과 사실적 내용으로 구성된다. 사건의 감정적 분위기는 편도체에서 기억되며, 사건의 사실적 내용은 해마에서 기억으로 만들어진다. 감정적 내용이 많은 사건은 잘 기억되고, 그러한 기억이 오래 지속된다. 이처럼 기억과 감정은 신경회로에서 구조적으로 연결되어 있다. 그래서 인지 처리 과정은 본질적으로 '감정에 물든 기억'으로 구성된다. 일화기억은 한 개인의 일생에서 일어난 모든 일을 의식 수준에서 회상할 수 있는 기억이다. 어린 시절부터 자전적 일화를 기억함으로써 자아가 형성된다. 일화기억은 개인의 생애 기록이며, 각자의 삶의 역사이다. 인간은 일화기억을 인출하여 주관적 관점에서 자신의 일생을 회상할 수 있다. 어린 시절부터 현재에 이르기까지 경험기억이 끊임없이 인출되어 자전적 회상을 만든다.[1]

자신이 설명할 수 없는 어릴 적의 암묵적 정서기억이 심리적 도식을 형성하고, 성인이 되어서도 감정, 판단, 행동에 무의식적인 영향을 끼친다. 이러한 도식을 '심리도식'이라 하는데, 아동기 혹은 청소년기에 발달하고, 유의미한 문제를 일으킬 정도로 역기능적이며, 기억, 감정, 인지, 신체느낌으로 구성되어 있다. 심리도식의 발달 원인은 타인과의 안정 및 애착의 단절, 자율성의 손상, 손상된 자기한계, 자발성의 과잉경계 및 억제 등 아동기 시절에 충족되지 못한 핵심 정서욕구에 있으며, 심리도식을 다른 말로 '인생의 덫'이라고 할 수 있다. '인생의 덫'은 불안과 슬픔, 분노와 같은 격렬한 감정을 불러일으킨다. 이러한 덫은 어린 시절에 시작되어 일생 동안 반복되는 성질을 갖는다.[2]

2. 감정에 물든 기억

앞 장에서 '감정에 물든 기억'에 대해 설명한 적이 있다. 이에 대해 좀 더 자세히 살펴보면, 뇌의 측두엽 부분에 해마와 편도체가 함께 있으며, 서로 연결이 되어 있다. 해마는 기억저장소이며, 편도체는 감정과 관련된 기관이다. 그래서 감각기관을 통해 받아들인 어떤 정보를 측두엽으로 보내면, 측두엽에서는 기억을 연상시켜 받아들인 정보를 판단하고 구분함과 동시에, 그 기억과 관련된 감정이 함께 떠오르게 된다. 예를 들어, '호랑이가 숨어 있구나. 호랑이는 사람을 해치니까 무섭고 겁이 난다.' '소가 있구나. 소는 돈이 되니 잡고 싶다.' 등등. 이처럼 해마와 편도체는 우리의 경험을 기억과 감정 체계로 처리를 한다.[3]

이러한 해마와 편도의 연결 구조를 통해 일상생활에서 우리들이 갖게 되는 기억에 얽혀 있는 감정의 한 단면을 이해할 수 있다. 예를 들어, 집 앞 교차로에서 음주운전자로 인한 교통사고를 당하여 오랫동안 큰 고생을 하였다면, 그 교차로 앞을 지날 때마다 교통사고의 기억이 머리에 떠오를 것이고, 그로 인해 겪었던 과거의 고통과 미래의 불안 등 다양한 감정이 올라올 것이다. 그리고 때로는 음주운전에 관한 이야기를 듣거나, 심지어는 음주 또는 운전에 대해 생각만 해도 그 악몽이 되살아날 수도 있을 것이다. 한편, 부정적으로 평가된 체험과 관련된 상황에 대해서는 전체를 부정적으로 평가하게 되고 수동적이고 망설이는 행동이 강화되는 공포 조건화fear conditioning가 형성된다. 이 현상과 같이 우리의 삶에서 특정 상황이나 장면 또는 사람을 접하게 되면, 무의식적으로 그와 관련된 어떤 기억으로 연결 지어지면서 자신도 모르는 사이에 자동적으로 특정 감정이 만들어지고 그에 따라 행동이 좌우될 수도 있다.

그런데 세월이 지나면서 기억은 점점 옅어져 가게 된다. 그래서 하루 전의 기억은 아직 생생하지만, 1주가 지나고, 1달이 지나고, 1년이 지나고, 10년, 20년, 30년 세월이 점점 지나면 기억이 옅어져 그때 무슨 일이 일어났었는지 말로 설명하지 못하는 암묵기억이 된다. 그러나 편도에 축적된 감정은 치유되기까지 그대로 남아 있다. 그래서 어떤 일이나 상황에서 자신이 알지 못하는 감정이 올라와서 휩싸이게 되는데, 정작 본인은 자신이 왜 그런 감정에 휩싸였는지를 설명하지 못하는 때가 종종 있다. 심지어는 무의식적인 자동반응으로 감정이 올라오기 때문에 자기 자신이 특정 감정에 휩싸였다는 사실 자체를 인식하지 못하는 경우도 종종 있다.

3. 기억 무게와
마음노폐물

마음을 맑힌다고 할 때, 그것은 마음공간에 지나온 삶의 흔적인 기억무게를 제거하는 과정이다. 기억은 무게_{에너지}를 가지고 있다. 기억은 [이미지×마음노폐물]로 구성되어 있는데, 이미지가 무게를 가지는 것이 아니라, 이미지와 결합해 있는 마음노폐물이 무게를 가지고 있다. 알아차림으로 이미지와 결합해 있는 마음의 무게를 제거하면 기억은 무게가 없는 이미지로만 남는다. 그러면 마음은 가볍고 맑아진다.

마음공간에 입력된 데이터는 무게가 없이 이미지로만 입력이 된다. 이때 마음공간에 이미 무게를 갖고 저장된 관련 기억이 개입하고, 자신이 갖고 있는 노폐물 무게만큼 새로 입력된 데이터에 무게를 이전시킨다. 이렇게 해서 새로운 기억이 무게를 갖고 저장된다. 이것이 동일한 존재를 접하더라도 사람마다 기억무게가 다른 이유이다. 외부 데이터가 마음공간에 입력되고 기존의 기억과 결합할 때, 알아차림의 힘이 좋고 순발력이 있으면, 새로 입력되는 데이터와 기존 데이터의 결합을 해체해 에너지 이전을 차단한다. 그리고 알아차림의 힘이 강하면, 그 압력이 마음공간에 가해지면서 기존의 기억에 결합해 있는 마음노폐물이 해체된다. 그러면 에너지 없는 이미지로만 남아 있게 된다.

기억의 무게를 해체하려면, 첫째, 알아차림을 기준점에 밀착 고정시키면 압력이 발생하는데, 이렇게 가해지는 압력으로 기억 이미지에 결합해 있는 마음노폐물이 제거되고 기억무게가 해체된다. 둘째, 기억이 마음공간에 상을 맺는 순간, 정확하고 빠르고 힘 있게 알아차림을 그 기억에 밀착 고정시키면, 데이터에 결합해 있는 마음노폐물은 제거되고 이미지만 남는다. 알아차림이 활성화되고 순발력과 유연성이 있는 만큼 효과가 나타난다. 셋째, 앎이 구조조정을 거치면 된다. 이것을 지혜라고 부른다. 앎이 구조조정되려면, 마음공간에 저장된 기억에 끼어 있는 마음노폐물이 해체되어야 한다. 그 과정에서 마음노폐물이 제거되고 동시에 앎의 구조조정이 된다. 이 둘은 상호작용을 하면서 강화되기도 하고 약화되기도 한다.[4]

4. 기억에 대한 러블리 어텐션

앞에서 대뇌의 해마와 편도체가 연결되어 있고, 그로 인해 해마의 기억과 이와 연결된 편도체의 감정이 함께 작용하여 '감정에 물든 기억'이 떠오르게 되는 심리적 기제를 설명하였다. 종종 마음이 무겁다고 할 때, 그것은 이처럼 감정에 물든 기억의 무게로 인해 마음공간이 하중을 받은 것이다. 그리하여 감정에 물든 기억의 무게에 짓눌리거나 휘둘려 불안과 우울, 분노 감정 상태에서 괴로워하거나, 합리적인 판단을 하지 못하고, 심지어는 그 상태에 빠져 자신과 타인을 괴롭히고 해치게 되는 행동을 하게 되기도 한다.

그리하여 그런 상황을 만나면, 점점 더 고통이 가중되는 공포의 숙성이 이루어지게 된다. 이와 같이 특정 상황이나 장면 또는 사람을 접하게 되면, 무의식적으로 그와 관련된 어떤 기억으로 연결 지어지면서 자신도 모르는 사이에 자동적으로 특정 감정이 만들어지고 그에 따라 행동이 좌우될 수도 있다. 자신의 기억으로 인해 스스로 계속 괴로움에 빠지게 되는 것이다.

이러한 경우 기억에 대한 러블리 어텐션을 시도해 보길 제안하고 싶다. 앞 장에서 "러블리 어텐션은 지금 여기에서here and now, 사랑스러운 마음으로with lovely heart 수용적인 관심acceptable attention을 보내는 것"이라고 말한 적이 있다. 기억의 무게로 인해 심신의 상태가 괴로움에 빠졌을 때, 지금 여기에서 그 상태를 감지하고 느낌에 머무르면서, 사랑스러운 마음으로 수용적인 관심을 보내 보자. 예를 들어, 감정에 물든 기억으로 인해 고통을 겪고 있는 신체감각과 느낌을 향해 마음속으로 '너였구나!' '어디에 숨어 있다가 나타났니?' '내 삶의 역사 중 너는 어디와 연결이 되어 있니?' '그동안 숨어 지내느라 참 많이 힘들었겠다.' '지금까지 내가 제대로 못 알아 줘서 미안하다. 이제부터라도 내가 잘 알아 주고 위로해 줄게.' '언제든지 필요하면 또 찾아와라.' 등의 말과 에너지를 보내 주면 된다.

5. 기억을 알아차리면

　기억은 신체, 감정, 생각 등에 스며들어 작용을 하기 때문에 이것들과 분리시켜 통찰하거나 알아차리기가 쉽지 않다. 때문에 상당한 노력을 필요로 하며 비교적 오랜 시간이 걸리기도 한다. 기억 알아차림을 활용한 사람들이 다음과 같은 효과를 경험하고 있는 것으로 보고했다.[5]

* "알아차림은 그 순간에의 감정홍수에 빠지지 않고 문제와 사건으로부터 거리두기를 할 수 있도록 도와서, 나의 내면 깊숙한 과거의 아픔을 알아차리게 해 주었다."

* "생각, 감정들이 과거의 경험을 바탕으로 올라온다는 것을 절실하게 깨닫게 되었다."

* "아버지의 폭행으로 쌓였던 분노의 감정, 그로 인해 복수하려는 마음이 알아차림을 통해 사라짐을 경험하였다."

* "좋은 엄마이기를 원하지만, 그 바탕에는 내가 받지 못한 것을 자식에게 주고 보상으로 되돌아오기를 바라는 내 욕구를 객관적으로 볼 수 있게 되었다."

* "내 마음속에 잠재되어 있던 미해결된 과거의 문제에 대해 알게 됨으로써, 성숙해지기 위한 변화를 시도하게 되었고 삶에 여유가 생겼다."

Chapter 6

알아차림의 삶을 위하여

1. 알아차림은
행복운동

앞에서 느낌 알아차림의 일환으로 '문제소유 가리기' 방식을 소개하였다. 여기에서는 우리의 마음을 네모꼴에 비유하고, 그 네모꼴을 반으로 나누어 수용영역과 거부영역으로 구분한다.[1] 그중 수용영역에 해당하는 경우에는 마음이 편안한 상태가 되지만, 거부영역에 해당하는 경우에는 마음이 불편한 상태에 머무르게 된다.

사람들을 두 부류로 나눠 보면, 먼저 인생을 살면서 점점 수용영역이 확장되는 사람이 있다. 이러한 사람은 과거에는 비수용으로 받아들였던 상황을 이제는 수용영역으로 여기고 웬만한 일에는 문제를 소유하지 않게 되기도 한다. 이런 사람들의 삶은 점점 더 평화로워지고 여유로워지며, 주위 사람들도 그 사람을 편안하게 여기고 다가가고 협조적으로 대해 준다. 왜냐하면 이미 그 사람이 먼저 다른 사람들에게 힘을 주는 역할을 해 주고 있기 때문이다. 에릭슨Erikson이 주장하였던 인생 8단계의 마지막 과업인 통합감이 이뤄지는 상태이다.[2]

반면, 점점 수용영역이 줄어들고 거부영역이 늘어나는 사람이 있다. 이 사람은 갈수록 불만이 많아지고, 매사 문제를 소유한 상태에 있다. 이런 사람들의 주위에는 사람들이 다가오기를 꺼린다. 왜냐하면 자기 마음도 불행하지만, 주위 사람들도 힘들게 만들기 때문이다. 에릭슨Erikson의 인생 8단계 측면에서 본다면, 이 사람의 인생 후반기에는 절망감이 점점 더 짙어질 것이다.

그동안 몸 알아차림, 느낌 알아차림, 생각 알아차림, 기억 알아차림 등의 알아차림 방식에 대해 다루면서, 알아차림을 실천하게 됨으로써 얻게 되는 다양한 효과에 대해서 영역별로 기술하였다. 이처럼 각각의 알아차림 방식에 따라 다양한 혜택이 있지만, 알아차림의 삶은 결론적으로는 심신이 편안해지는 효과가 있는 것으로 정리할 수 있다. 이는 우리 자신의 마음에서 수용영역이 확장되는 것을 의미한다. 부와 명예와 같은 외부적인 조건에 좌우되지 않고, 마음에서 우러나오는 진정한 행복과 평화를 달성하게 된다. 알아차림은 일종의 행복운동이 되는 셈이다.

2. 알아차림을 활용한 스트레스 관리 4단계

주위를 잠시 돌아보면 사람들이 겪고 있는 스트레스가 너무나 엄청나다. 여기에서는 다양한 알아차림 방법을 활용하여 스트레스 상황에서 실행할 수 있는 실제적이고 단계적인 알아차림 실행방식을 제시해 보고자 한다.

첫째, 몸 알아차림 혹은 느낌 알아차림을 실행한다. 상황에 따라 알아차림을 실천하는 것만으로 스트레스 상태에서 벗어나 마음이 편안해지는 경우도 있다. 예를 들어, '아, 그분이 오셨네.' '내가 문제를 소유하려 하는구나.'라고 인식하는 순간 문제소유 상태에서 벗어나게 되는 것이다. 고수는 단순한 방식으로 큰 위력을 발휘한다. 알아차림의 수준이 깊어질수록 이 단계에서의 효과가 증대된다.

둘째, 상위인지 알아차림meta-cognition awareness을 수행한다. 상위인지 알아차림은 마음속에 떠오른 생각을 현상에 대한 정확한 반영이 아니라 마음에서 일어났다가 사라지는 정신적인 사건으로 경험하는 것이다. 알아차림과 동시에 그 순간 자신이 하고 있는 생각을 알아차림으로써, 생각으로부터 거리두기distancing와 탈동일시를 하고, 객관적으로 상황을 바라보게 되는 것이다.

셋째, 머무르기staying를 한다. 과거 자신의 미해결과제와 관련 기억이 있거나 감정적으로 아주 힘든 상황에서는 알아차림과 상위인지 알아차림만으로 스트레스가 해소되지 않는 경우가 있다. 이런 경우에는 자신의 신체느낌과 감정느낌을 깊이 인식하고 충분히 머물러 줄 필요가 있다. 필자가 앞서 제시하였던 러블리 어텐션의 방식으로 자신의 상태를 알아 주고 사랑해 주면 된다. 일종의 '자기공감'과 '자기지지'를 해 주는 셈이다.

넷째, 지켜보기watching이다. 상위인지 알아차림과 머무르기를 시도하였는데도 여전히 마음이 불편한 상태가 지속될 수 있다. 거리두기 또는 머무르기가 제대로 되지 않았거나, 현재 문제 상황이 진행 중이어서 문제해결에 대한 불안이 앞서고 있거나, '감정에 물든 기억'이 자동적으로 인출되어 무의식적으로 영향을 미치는 게 원인일 수도 있다. 이런 경우 섣부르게 분석하거나 문제를 해결하려 하지 말고, 천천히 시간을 가지고 계속 그 상태를 지켜보도록 한다. 지켜보기는 무작정 기다리는 게 아니다. '이 상황을 해결하면 어떻게 될까? 그래, 내가 나 자신을 한 번 지켜보자.'라는 자세로 임하는 적극적인 방식이다. 지켜보다 보면, 어느 순간에 명료하게 거리두기가 되고, 머무르기가 되거나, 때로는 자신의 미해결과제 혹은 '감정에 물든 기억'이 명확히 보이고, 현재 자신의 모습이 이해가 되고 수용이 될 때가 있다. 그 과정에서 스트레스 상태가 자연스럽게 해소되고, 스스로 그 상황을 지혜롭게 헤쳐 나가게 될 것이다.

3. 기쁨 알아차림

　기쁨 알아차림은 말 그대로 일상의 기쁨에 대해 알아차림을 하는 것이다. 여기에서 우리가 얼마나 우리의 기쁨을 잘 알아차리고 누리고 살고 있는지 의문을 제기하고 싶다. 어느 경험자의 '문제소유 가리기 보고서'에서 '내가 문제를 소유하지 않을 때가 언제인지?'라는 탄식 어린 의문을 읽은 적이 있었다. 그러나 사실 우리는 문제를 소유한 때 외에는 항상 문제를 소유하지 않은 때이다. 그렇지만, 그 사실을 우리는 모르고 그냥 살아가고 있는 경우가 많다. '뭔가 큰 기쁨거리가 있어야 비로소 기쁨으로 받아들이고, 사소한 기쁨은 당연한 것으로 여기고 놓치고 살고 있지는 않은지? 그러다 보면 삶이 삭막해지고 마음이 우울하고 답답해지고, 조그만 문제소유에도 흔들리게 되는 것은 아닌지?' 되묻고 싶다.

　지극히 당연함 속에 지극한 행복의 비결이 있다. 우리가 행복한 때는 그 당연한 것을 알아차리고 누릴 때이며, 우리가 불행한 때에는 그 당연한 것을 모르고 놓치고 계속 살 때이다. 어리석은 사람은 그 당연한 것을 잃고 나서야 그것이 얼마나 엄청나게 중요한 것을 알게 된다. 그리고 지혜로운 사람은 잃어버리기 전에 그것의 소중함을 알고 누릴 줄 아는 사람이다. 그 당연함을 알고 누리게 되면, 그것은 절대로 사소하거나 당연한 것이 아니다.

　그 당연한 것을 때로는 '미세 기쁨'이라고 하고, 그 당연한 것들을 잘 음미하는 것을 '미세 기쁨에 깨어 있다.'라고 한다. 그 미세 기쁨을 잘 음미하는 한 방법으로 '기쁨 노트'를 두고, '매일 한 가지 이상 기쁨거리를 작성하기'가 있다. 그리고 한 번씩 그 기쁨을 주는 상대방에게 기쁨에 대한 감사 표현을 하면 더욱 좋을 것이다. 혹은 시간을 정해 놓고 수시로 빙그레 웃는 방법도 있다. '빙그레 웃기'는 간단하면서도 효과가 있다.

　여하튼 예전에 나도 모르게 어쩌다가 무의식적으로 기쁨을 알고 누렸다면, 이제는 의도적으로 보다 자주 의식적으로 기쁨을 알아차리는 훈련을 함으로써, 기쁨을 누리는 삶이 우리의 습관이 되도록 할 수 있다. 그래서 아픔 알아차림으로 불쾌 감정을 정화하고, 기쁨 알아차림으로 쾌 감정을 증폭시킴으로써, 두 가지 알아차림을 우리 삶의 양 날개로 삼아 어려움 속에서도 빙그레 미소 짓는 여유로운 삶을 영위해 볼 수 있을 것이 다. 생각날 때마다 숨을 들이쉬면서 입가에 빙그레 미소를 지어 보고, 숨을 내쉬면서 '나는 참 행복하다.'라고 생각을 해 보는 것이 기쁨 알아차림의 한 시작이다.

4. 세 가지
복(福)

가족 관계와 관련하여 사람들은 흔히 세 가지 복을 이야기한다. 첫째는 부모 복이다. 좋은 부모가 계시는 가정에서 태어나 행복하게 잘 자라는 것이다. 둘째는 배우자 복이다. 배우자를 잘 만나서 행복하게 사는 것이다. 그런데 "셋째는 자식 복이다."라고 말하는 순간 자칫 우환이 되기가 쉽다. 왜냐하면, 자식에게 기대하는 마음이 생기기 때문이다. 자식에게 기대하게 되면 항상 자식이 하는 것 이상으로 기대하기 때문에 부모자녀 관계도 나빠지고 서로 불행해지기가 쉽다.

필자는 "셋째로 자기 복이다."라고 말하고 싶다. 내가 나를 행복하게 만드는 것이다. 그렇게 되기 위해서는 꾸준히 자신을 성숙시켜 나가야 한다. 알아차림 방식을 포함하여 다양한 방법을 통해 상황에 흔들리지 않고 실질적으로 마음이 평화롭고 행복하도록 만드는 것이다. 이렇게 되면, 그 힘으로 부모님에게 자식 복을 줄 수가 있고, 배우자에게 배우자 복을 줄 수가 있으며, 자식에게는 부모 복을 줄 수 있을 것이라 기대한다. 이처럼 자기 자신이 성숙하고 평화로우면 최소한 3대가 행복해진다. 그리고 자신의 집안뿐만 아니라, 배우자의 집안과 주변 사람들까지도 평화롭고 행복하게 살아가는 데 도움을 주게 된다. 그래서 "내가 바뀌면 세상이 바뀐다."라고 하지 않았던가.

그런데 필자는 그동안 상담과 교육을 해 오면서 부모의 심리적 상처로 인해 자식들이 상처를 받아 괴롭게 사는 경우를 너무나 흔히 보아 왔다. 심지어는 보호요인이 되어야 할 부모가 오히려 위험요인이 되어 자식의 성장에 해를 주는 경우도 심심치 않게 보았다. 그리고 그 자식이 성장하여 가정을 이루게 되면, 다시 자신의 배우자와 자녀에게 상처를 주는 대물림을 하게 되는 것이다. 당사자들은 그러한 자신의 모습을 못마땅하게 여기고 변화하려 하지만, 그때까지 받아 왔던 부모의 영향에서 벗어나 변화하기란 정말 쉽지가 않다.

자신의 인격적 성숙은 선택이 아니라 필수이다. 우선 자신을 위해 이유 여하를 막론하고 스스로를 성숙시키고 행복하게 만들어야 한다. 그렇게 되어야 가정이 행복해진다. 그래야 자식들도 건강하고 행복하게 자라게 된다. 이것이 부모가 자식에게 물려줄 수 있는 최고의 유산이라고 생각한다. 먼저, 스스로를 성숙시켜 자기 자신을 행복하고 지혜롭게 만들고, 둘째, 그 성숙함으로 배우자와 행복하게 지내고, 셋째, 자녀에게 부모의 행복한 모습을 보여 주고 자라나게 하면서 평화와 행복 그리고 삶의 지혜를 물려 주는 것이다.

5. 알아차림
발달의 4수준

알아차림 수준의 변화를 평가할 수 있는 한 가지 기준은 토머스 골든Thomas Gordon이 제시한 기술발달의 4수준이다.[3] 그에 따르면, 새로운 기술을 배우고 익히는 데 무의식적인 미숙련상태, 의식적인 미숙련상태, 의식적인 숙련상태, 그리고 무의식적인 숙련상태의 4수준을 분명하게 거치게 된다고 한다.

첫째, 무의식적인 미숙련상태이다. 이 단계에서는 사람들이 어떤 특별한 기술들이 이용될 수 있다는 사실을 인식하지 못한다. 즉, 자신들이 무엇을 잘못하고 있는지를 잘 모르고 있는 상태이다. 그래서 많은 사람은 자신이 원하지 않는 상황이 발생할 때, 스스로 만들어 놓은 '바보의 벽'에 갇히게 되고, 그러한 상태에서 또 원하지 않는 상황을 더욱 강화하는 악순환을 계속 겪으면서 살아오고 있다. 특정 상황에서 반응하는 감정 및 행동양식에 익숙해져 있으면서도, 자신들이 그러한 양식으로 인해 고통을 겪고 있다는 사실을 깨닫지 못하고 있는 것이다.

둘째, 의식적인 미숙련상태이다. 이 단계에서는 이제까지 사용해 왔던 행동과 태도가 부적합함을 깨닫게 된다. 그러나 아직 다른 기술들을 사용할 줄은 모르는 상태이다. 알아차림 방식을 처음 접하게 되고, 이를 통해 사고와 행동의 변화를 미약하게나마 경험하게 된다. 그리고 참여자들은 자신들의 문제가 해결되거나, 목표가 달성될 수 있을 것이라는 가능성에 대해 희망을 품기도 한다. 그러나 대개는 이전보다 좀 더 강한 스트레스 상황에서 알아차림 방식을 계속 유지하는 것이 어려움을 겪게 된다. 이 단계를 거치는 것이 필자의 경험으로 볼 때 가장 어려운 시기이다.

셋째, 의식적인 숙련상태이다. 이 단계에서는 의식적으로 알아차림 기술을 사용한다. 때로는 알아차림을 하는 것이 어색하기도 하고, 다소 인위적으로 여겨지기도 한다. 새로운 기술을 의식적으로 사용하는 것을 인식하고 스스로 불편할 수도 있다. 사람들은 의식적으로 알아차림 기술을 익히려고 스스로 훈련을 한다. 훈련이란 반복을 통해 숙달을 달성하고자 하는 노력이다. 때때로 그들은 익숙하지 않은 알아차림 방식으로 인해 상당한 고통과 스트레스를 체험하기도 한다. 그래서 중도에 포기하는 경우도 있다. 하지만 노력을 거듭하면서 사고 양식의 변화와 심신 상태의 변화를 경험하는 내용을 보고해 준다.

넷째, 무의식적인 숙련상태이다. 이 단계에서는 알아차림 기술을 계속 사용하면서 편안함을 느끼게 되고, 알아차림의 활용이 점점 자연스럽게 된다. 그리고 예전에 사용하였던 방식들이 매우 부적절하다고 여겨진다. 생활의 모든 면에서 알아차림 기술들을 적용하게 되고, 가정과 사회생활에서 알아차림의 효과가 나타나는 것을 발견하게 된다. 그냥 알아차림하고 지켜보면, 어느새 조용히 평화와 지혜가 찾아온다.

6. 러블리 어텐션
조각하기

그동안 필자가 언급해 온 내용 중 가장 핵심적인 사항을 하나만 고르라고 한다면 단연 러블리 어텐션일 것이다. 만약 러블리 어텐션을 자신의 습관적 태도로 만든다면, 언제라도 필요한 때에 러블리 어텐션을 활용할 수 있을 것이다. 위기 혹은 스트레스 상황에서뿐만 아니라, 평소의 생활 에너지로 러블리 어텐션을 채택하여 살아가게 된다면, 한층 더 충만하고 행복한 삶을 기대할 수 있을 것이다.

그래서 러블리 어텐션을 습관으로 만들 수 있는 효과적인 방법으로 '마음 조각하기 mind sculpture' 방식의 활용을 제안하고 싶다. '마음 조각하기'란 최첨단 신경과학에 기초한 점진적 훈련 방식으로 일종의 상상 요법이다. 상상 요법은 인지행동치료에서 지속적으로 사용되어 왔다. 사회적 불안이나 두려운 상황에 제대로 적응하지 못하는 사람들에게 상상을 통해 불안 상황을 편안하게 받아들이는 훈련을 하게 함으로써, 결과적으로 실제 상황에서도 성공적으로 적응할 수 있도록 도와주는 것이다. 양전자단층촬영 PET을 해 보니, 실제 상황에서와 그렇게 상상할 때와 뇌의 움직임은 거의 유사하였다. 즉, 우리의 뇌는 실제와 상상을 잘 구분하지 못하는 것이다.

이러한 상상 요법을 적용한 '마음 조각하기'는 운동선수들에게 긴요하게 활용되고 있다. 우리나라의 양궁선수들을 포함해 많은 운동선수는 어떤 상황에도 흔들리지 않고 자신의 기량을 최대한 발휘할 수 있도록 마음 조각하기 훈련을 하고 있으며, 미국의 수영선수 펠프스는 지속적으로 '마음 조각하기'를 수련해 온 사람으로 유명하다. '마음 조각하기'는 주로 시각 위주의 방식이지만, 시각뿐만 아니라, 청각, 후각, 촉각, 미각까지 오감 모두를 충분히 활용하고, 고유수용감각과 내부수용감각으로 신체근육의 움직임과 신체내부의 상태까지 활용하고, 나아가 감정상태까지도 활용하여 상상을 통해 머릿속으로 최대한 생생하게 경험할 수 있도록 한다.[4]

마찬가지의 방식으로 '러블리 어텐션 조각하기'를 시도해 볼 수 있다. 러블리 어텐션의 상태를 날마다 시간을 정해 놓고 규칙적으로 상상해 보는 것으로 시작하면 된다. 시

각뿐만 아니라, 청각, 후각, 촉각, 미각까지 동원하여 최대한 그 상태에 가까워지도록
하며, 감정상태와 신체감각과 근육의 움직임까지 동원하여 점점 더 동일한 상태에 근
접하도록 함으로써, 가장 목표로 하는 러블리 어텐션 상태를 경험할 수 있도록 하는 것
이다. 한번에 너무 많이 하지 않는 게 좋다. 일단 하루에 1분에서 몇 분 정도로 즐기면
서 하면 된다. 작게, 재밌게, 꾸준히 하는 게 좋다. 지속적으로 하는 횟수가 늘어날수
록 러블리 어텐션의 상태는 실제 상황과 동일하게 경험이 될 것이다. 우리의 뇌는 실제
상황과 상상을 잘 구분하지 못한다고 하지 않았던가!

Part 2

—

LOVELY ATTENTION
러블리 어텐션의 실제

"매번 하는 실패와 어쩌다 하는 성공!"

이는 어느 교육생이 알아차림의 어려움을 토로한 말이다.

이 책에서는 비교적 모범적인 사례를 많이 제시하였다.

어떤 독자들은 여기에 등장하는 성공적인 사례들을 보면서

자신의 실패경험과 비교되어 오히려 더 괴로워질 수도 있다.

이처럼 알아차림 경험을 성공과 실패로 나누면,

알아차림의 실천이 갈수록 힘들게 여겨진다.

왜냐하면 생존본능에 근거하여 활동하는 우리의 뇌는

잘하는 부분에는 별 관심이 없고, 못하는 부분에 지속적으로 관심을 갖기 때문이다.

그리하여 본인이 실패한 부분에만 관심을 기울이다 보면,

점점 더 마음이 괴롭게 되는 것이다.

자전거를 처음 타는 사람은 여러 번 넘어지면서

자전거 타는 방법을 조금씩 익히게 된다. 이때 앞서 넘어진 것은 실패한 게 아니라,

자전거를 탈 수 있는 균형감각과 필요한 근육이 생기는 과정인 셈이다.

마찬가지로 알아차림을 제대로 수행하지 못하더라도,

그것은 효율적으로 알아차리는 과정의 자연스러운 현상이다.

바둑의 수준이 아마추어와 프로를 합해 총 38단계라면

인생의 축소판이라고 할 수 있는 알아차림의 수준은

138단계, 혹은 380단계 이상이 될 것이다. 비록 실패한 것 같을 지라도

알아차림의 수준이 조금씩 향상되고 있음을 받아들일 필요가 있다.

우리의 뇌는 점진적인 변화를 제대로 감지하지 못한다.

자신의 알아차림 수준이 조금씩 변화하는 것을 당장 감지할 수는 없겠지만,

알아차림의 수준이 서서히 변화되어

그만큼의 성숙과 그만큼의 평화와 행복이 삶에 찾아올 것이다.

제대로 안 된다고 불평하기보다, 스스로 알아차리고자 하는 시도를

한 번 더 실행해 보기를 권하고 싶다.

그리고 가끔, 노력하고 있는 자신에게

다음과 같이 러블리 어텐션을 해 주면 어떨까!

"일부러 못하고 싶은 사람은 없어!

누구나 잘하고 싶어 할 거야."

자신의 가슴을 살며시 토닥거려 주면서

이렇게 말해 보자.

"너도 잘해 보려고 노력했잖아!

너도 잘해 보려고 정말 애썼잖아!

너 애썼다! 정말 애썼다!" 라고.

Chapter 7

자녀와의 관계에서 러블리 어텐션

1. "게임기 사 줘!"
"안 돼!"

꾹꾹 눌러 놨던 감정이 터져 버렸다. 그와 동시에 내가
문제소유를 했다는 생각이 잠시 스쳐 지나갔지만, 나의
잔소리는 멈출 수 없었고 아이에게 일장연설을 늘어놨다.

아이와 나의 격앙된 대화를 듣고 있던 남편이
중재하기 시작했다.

남편의 말을 듣는 순간, 오늘도 실패했다는 생각에
마음이 씁쓸해졌다.

난 오늘도
감정의 호수에
풍덩 빠져서
허우적거리고 있구나!

풍덩

꼬륵...

이 사례의 주인공은 자신이 실패했다고 생각하지만, 필자는 다르게 생각한다. 첫째, 문제소유를 알아차림으로써, 화를 내는 속도가 예전보다 한 박자 늦어졌을 것이다. 둘째, 분노의 정도가 예전보다 좀 누그러졌을 것이다. 셋째, 남편의 말을 듣는 순간, 예전보다 빠르게 이성을 회복하였을 것이다. 이전 같았으면, 남편을 원망하거나 지속적으로 자녀에게 잔소리를 했을 수도 있다. Part 1의 '전두엽의 느낌 알아차림' 참조.

이렇게 보면 실패가 아니라, 그만큼의 성공을 한 셈이다. 꾸준히 문제소유 가리기를 수행하면, 노력하는 만큼 자녀와의 관계가 개선되고, 나아가 자녀의 행동과 태도도 변화하리라 예상한다.

2. "먹었으면 치워야지!"

힘들게 식사준비를 하고 밀린 집안일을 하느라 정신이 없었다.

청소

빨래

분리수거

그때, 식사를 마친 아이들이 먹고 난 그대로 놔둔 식탁이 눈에 들어왔다.

엄마가 먹고 나면 스스로 치우라고 했지?

대답이 없다. 갑자기 화가 치밀어 올랐다.

•••••

너희들 당장 안 나올 거야!?

사소한 일상의 일이지만 자각을 실행하기가 쉽지 않은 사례이다. 왜냐하면, 첫째, 몸이 힘들면 마음이 힘들어지고. 둘째, 집안일에 대한 스트레스나 자녀들의 생활습관에 대한 염려 등의 다른 감정이 함께 작용하며, 셋째, 반복적으로 지속되는 경우에는 이전의 감정들이 쌓여 있어서 조그만 일에도 쉽게 감정의 홍수상태에 빠지게 되기 때문이다.

그리고 자연스럽게 자각이 되기를 바라는 것이 '문제소유'의 주요 원인이 되기도 한다. '자연스럽게 되지 않는 것'이 습관을 바꾸는 과정에서 나타나는 너무나 '자연스러운 현상'이다. 그리고 이 사례에서는 자각(알아차림)과 함께 의사소통기법과 문제해결능력이 활용된다면 더욱 좋을 것이다.

from.

3. 아들의 늦은
등교에 폭발!

대개의 부모는 '문제의 전이'에 빠져 자녀의 문제를 함께 소유하게 되고, 이로 인해 감정의 홍수상태에 빠져 자녀 대신에 자녀의 문제를 해결하고자 안간힘을 쓰게 된다. 그러다 보면 문제해결은 제대로 안 되고, 부모와 자녀의 감정만 악화되는 악순환이 반복되기 쉽다. 가족상담에서 이러한 현상을 '미분화'라고 하고, 건강하지 못한 가정일수록 '미분화 수준'이 높다.

"바닷가에서 어리석은 사람은 파도를 탓하지만, 지혜로운 사람은 파도를 타는 법을 배운다."라는 말이 있다. 바닷가에 파도가 언제나 밀려오듯이, 인생에서 문제는 생기기 마련이다. 우리는 파도를 없앨 수 없다. 그리고 자녀들이 하는 일이 파도를 만드는 일이다. 따라서 부모들은 자녀로 인한 문제소유를 무조건 없애려 하기보다는, 문제소유 가리기, 즉 느낌 자각_{알아차림}을 통해 잠시 마음의 평정을 찾고, 그 바탕 위에서 문제를 해결하는 게 지혜로운 생활태도가 되리라 본다.

4. 늦은 퇴근!
집은 엉망!

늦은 퇴근을 하고 집에 들어서는데, 또 집이 엉망이다.
거실 입구부터 아이들 가방이며 물건들이 널려 있고
식탁에는 먹고 남은 음식과 그릇들이 쌓여 있다.

하아……

순간, 머리로 열이 확 오르는 느낌이 들었다. 또한
그 감정이 올라오는 것을 볼 수 있었다. 눈을 질끈 감고
심호흡을 했다.

후아

후아

후아

그래…….
참자…….

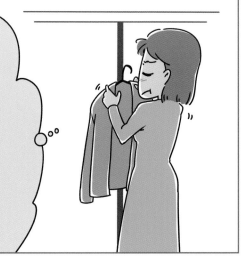

방으로 들어가 옷을 갈아입으며 생각을 정리했다.

참자, 내가 힘든 것처럼
남편과 아이들도 하루 종일
힘들었겠지.
조용히 타일러 치우게 하자.
그래도 이제는 밥도 스스로
차려 먹잖아.
그래……. 치우는 거 뭐
천천히 한다고 해도 별일
없는 거잖아.
내가 들어왔을 때 말끔하기를
바라는 게 큰 욕심일 수 있어.

이런 생각들이 지나가니 마음이 가라앉았고, 좋은 말로 아이들에게 치우자고 했다. 큰 소리가 아니어선지 처음에 시큰둥한 것 같더니, 조금 더 시간이 걸리긴 했지만 알아서 치운다.

얘들아~
방 좀 치워 볼까?

네~.

말끔히 치워진 식탁에 둘러앉아 하루 일을 서로 나누며 금세 웃음꽃이 피었다.

그래~~
좀 더디면 어때.
이렇게 내 마음을 토닥이고, 남편, 아이들과 화목하게 잘 지내는 게 조금 더 깨끗이 치우고 사는 일보다 훨씬 중요한 거 아니겠어?

그래서 오빠가~.

때때로 기다림은 큰 지혜이자 힘이다. 하지만 그 실행이 어렵다. 특히, 심신이 힘들 때는 더욱 어렵다. 그런데 이 사례의 주인공은 그 어려운 걸 해냈다. 어느 수강생이 "90% 이상은 실패이고, 10% 미만이 성공이다."라고 말한 데 비추어 볼 때, 정말 보통의 부모들이 실행하기 쉽지 않은 대단한 성과이다.

사건에 대한 정보가 바로 감정처리 기제인 뇌의 편도로 가게 되면 감정의 홍수상태에 빠질 가능성이 커진다. 하지만 자각을 하게 되면 정보가 전두엽으로 가게 되면서 그동안 몇 단계의 정보 전달과정을 거치면서 찰나의 여유가 생기게 된다. 이 사례의 주인공은 우선 자신의 심신 상태에 대해 자각한 후, 심호흡을 하고 나니 잠시 여유가 생겼다. 두 번째로 다른 가족에 대해 역지사지로 이해하는 마음을 가졌다. 세 번째, 긍정적인 생각과 함께 기다리는 여유를 가지게 되었다. 네 번째, 편안하게 소통을 하고 기다렸다. 처음부터 수월하게 되기를 바라지 말자. 자연스럽게 되길 바라는 것도 욕심이다.

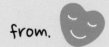

from.

5. 학원에서 엉뚱한 질문을 하는 아들

전화를 끊고 괜히 무언가 불편하고 억울한 느낌이 올라왔다.

그런데 맘이 쉽게 가라앉지 않고 계속 불편하다. 아들이 오면 뭐라고 물어봐야 할지 고민이 된다.

이제 아들이 오면 편안하게 물어볼 수 있을 것 같다.

자각만으로 문제소유 상태에서 쉽사리 벗어나기가 어려운 경우가 있다. 예를 들어, 첫째, 그 문제와 관련하여 욕구 또는 애착이 강하게 개입되어 있거나, 둘째, 연관된 과거의 자기감정이 올라와 그것에 휩싸이거나, 셋째, 현재 진행 중인 상황이기 때문에 자각보다 문제해결에 더 관심이 가는 등의 경우이다. 이 사례는 첫째와 셋째의 경우에 해당하며, 때때로 둘째 경우의 감정이 강하게 잠재되어 더욱 힘들 수도 있다. 그래서 "자녀는 부모의 스승이다."라는 말이 있다.

이때에는 자신의 심신 상태를 지켜보고 감정과 '거리두기'를 함으로써 자기 자신과 문제를 객관적으로 바라보는 방식을 취할 수 있다. 혹은 감정에 '머무르기'를 하면서, 자신의 감정에 대해 관심과 사랑으로 감싸 주는 러블리 어텐션의 방식이 도움이 될 수도 된다. 이 사례의 주인공은 거리두기와 머무르기 방식을 함께 사용한 셈이다. Part 1의 '알아차림을 활용한 스트레스관리 4단계' 참조.

6. 원룸에서 대학생 아들이
"빨리 안 가?"

군 제대 후 복학하는 아들이 생활할 원룸에 아내와 함께 가서 짐도 나르고, 다음 날까지 청소하고 있었다.

나와 아내는 부지런히 일하고 있는데, 아들이 벽에 기대어 핸드폰을 보면서 말한다.

빨리 안 가?

뭐?

언제까지 하려고….

그 말을 듣는 순간, 서운함과 분노가 올라온다.

뭐라고!
아니 이 녀석이….
너 때문에 우리가
이렇게 일하고
있는데….

쯧!

씁쓸

만약 계속 그 감정 상태였다면, 엄청나게 비난을 퍼부었을 것이다.

순간, '그분이 오셨다.'는 것을 알았다. 그리고 아들의 마음이 불편한 상태라는 것도 알게 되었다.

아내와 내가 1박2일 동안 아들과 함께 있으면서, 아들에게 계속해서 잔소리를 한 사실을 깨달았다.

곧이어 카톡으로 답장이 왔다.
와~ 내가 그동안 아들로부터 받은 문자 중에 가장
완벽한 장문의 메시지이다!!

이 사례의 주인공은 적절한 순간에 자각을 하고 지혜롭게 표현함으로써, 자녀와의 갈등 상황에서 오히려 자녀와의 관계가 더욱 좋아졌다. 이처럼 상황이 깔끔하게 마무리되면 좋겠지만, 종종 당장 문제 해결이 되지 않는 것처럼 보이는 경우가 흔히 있다. 그러나 이때에도 최소한 소중한 가족관계는 해치지 말아야 한다. 가족과 문제 중 어느 것이 더 소중한지는 스스로 잘 알 것이다. 그리고 관계가 좋아야 문제도 점진적으로 해결될 것이기 때문이다.

from.

7. 누구를 위한
이벤트인가?

순간 기쁨이 사라지고 기분이 상했다. 문제를 소유한 것이다. 딸의 얼굴에도 기쁨이 사라졌다.

그러면 나 혼자 옷 사러 가야 해??! 됐어!! 모두 없던 일로 해!!

쾅!

모처럼의 이벤트인데... 즐겁긴커녕 가족싸움이 되어 버렸네....

에휴

아~~!! 그분이 오셨네!!!

아~~~!! 이 이벤트는 가족이 아니라 나를 위한 이벤트였구나!!

"가족이 된다는 것은 문제소유하기를 작정하는 것이다."라는 말처럼, 가족끼리 함께 지내다 보면, 항상 문제를 소유하기 마련이다. 특히 가족에게는 자신의 욕구와 기대가 개입되기 때문에 더욱 쉽게 문제를 소유하게 된다. 이때마다 문제해결에 초점을 맞춰서 감정을 쏟아 내다 보면, 어느새 가족끼리 '상처 주기 게임'을 하게 되고, 가장 가까워야 할 가족이 가장 멀고 부담스러운 존재가 되기도 한다.

그런데 다행스럽게도 이 사례의 주인공은 적절한 시기에 자각을 한 덕분에 거리두기가 되어 자신의 욕구를 통찰하게 되었다. 그리고 가족끼리 '상처 주기 게임' 대신 서로를 인정해 주는 시간을 갖게 되었다. Part 1의 '느낌에 대한 러블리 어텐션' 참조.

8. 직장 회식을 하고
새벽에 귀가한 딸

있고 없음은 천지 차이이다. 공기가, 가족이, 자각이. 이 사례에서도 마찬가지로 '울컥'하고 감정이 올라오려는 순간, '자각'의 있고 없음은 천지 차이의 결과로 나타났다. 만약 주인공이 자각을 놓쳤다면, 감정의 홍수상태에 빠져 딸을 비난하거나 질책하게 되었을 것이다. 딸은 잠을 제대로 못 자고 기분이 나빠져, 출근하는 아침에 부녀의 마음은 모두 엉망이 되었을 가능성이 높다.

하지만 주인공이 자각_{알아차림}을 놓치지 않은 덕분에 자신을 성찰하고 긍정적인 생각을 하게 되었다. 그뿐만 아니라, 더욱 폭넓은 대안을 선택하게 되어 딸의 출근 문제까지 해결해 줄 수 있게 되어 해피엔딩을 맞이하게 되었다. 이처럼 자각은 마음의 평화, 여유, 지혜, 행복으로 이어진다. 의미상으로는 다른 단어들이지만, 경험상으로는 동의어처럼 연결된다.

from.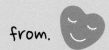

9. 무엇이
더 소중한가?

　　이 사례는 앞의 '누구를 위한 이벤트인가?'와 상당히 유사한 경우이다. 가족들은 서로 사랑하면서도 사소한 일들로 인해 상대방에게 상처를 주는 일들을 다반사로 만들게 된다. 사랑한다는 핑계로 부정적인 말을 하다 보면, 자신들의 의도와는 다르게 오히려 상처를 주게 되는 것이다. 이 사례에 등장하는 아빠도 자녀들에게 자칫 그렇게 할 뻔하였다. 다행히 순간 자각을 통해 '우선멈춤'을 하고 자신의 행동을 돌아볼 수 있게 되었다. 그리하여 찰나 자각이 찰나 지혜를 가져오게 되었다.

10. 초등학생 아들의
헤어스타일

자녀를 양육하면서 부모들은 문제를 소유하기 마련이다. 부모들이 자녀와의 관계에서 문제를 소유하는 게 진짜 문제가 아니라, 문제를 소유하였을 때 자각하지 못하고 감정적으로 행동해 버리는 게 더 큰 문제이다. 이 사례에서는 자칫 부모가 자녀의 문제를 자신의 문제로 가져올 수도 있었겠지만, 자각을 통해 거리를 두고 지켜보면서 자연스럽게 문제소유에서 벗어나게 되었다. 이처럼 자각을 지속적으로 하게 되면, 부모의 마음에서 문제소유 영역 대신에 문제없음 영역이 확장되어 부모가 먼저 행복하고, 이로 인해 자녀도 행복하게 됨으로써, 궁극적으로 가정의 행복이 증대될 것이다. Part 1의 '알아차림은 행복운동' 참조.

from.

Chapter 8

부부관계에서 러블리 어텐션

1. 대청소와 남편의 TV 시청

모처럼의 휴일, 큰맘 먹고 대청소를 시작했다.

자기야~
우리 오랜만에
대청소하자! 내가
청소 시작할 테니까
자기는 분리수거 좀 해 줘~

간만에 휴일인데
무슨 청소야!?
엊그제도 청소했잖아!
그리고 나 TV 보는 중이야.
분리수거는 당신이 해!

남편의 말을 듣는 순간 짜증이 났다. 그리고 가슴 깊은
곳에서 화가 치밀어 오르기 시작하더니 가슴이 꽉 막혔다.

빨간마음: 불편한 마음

뭐? 엊그제
청소했는데 오늘
또 해야 하냐고?
아니 오전에
밥 먹었는데
점심은 왜 또
먹는데?

이런 날 같이
청소 좀 해 주면
얼마나 좋아?
분리수거 그거
몇 분이나 걸린다고!
내려가면서
잠깐 해 주면
되는 것을!

부부생활을 하는 것은 문제소유하기를 작정하는 것과 다름없다. 서로 다른 습관과 성격 및 취향 등을 맞추면서 함께 살아야 하기 때문에 갈등이 있을 수밖에 없다. 그리고 부부가 서로 자신의 의도대로 배우자를 변화시키려 하다 보면, 부부끼리 상대의 마음을 상하게 하는 '상처 주기 게임'을 하게 되기 쉽다. 마찬가지로 이 사례의 주인공도 자칫하면 그렇게 할 뻔하였다.

분노감정에 휩쓸려 행동하게 되면 더 큰 문제를 만들게 될 수 있다. 그런데 주인공은 순간 자각_{알아차림}을 하게 됨으로써, 잠시 자신의 감정을 객관적으로 바라보게 되고, 지혜롭게 판단하고 행동하게 되었다. 앞에서 "매번 하는 실패와 어쩌다 하는 성공"이라는 어느 교육생의 말을 소개했었는데, 이 사례의 주인공은 정말 어려운 일을 한 셈이다.

2. 아내의 습관적인
열쇠 분실

그런데 나를 괴롭게 하는 생각의 패턴을 발견한 후에는 똑같은 상황에서 마음이 불편해지면 "내가 문제를 소유했구나." 하고 빨리 알아차리게 된다. 그리고 아내에게 핀잔을 주지 않고 조용히 열쇠를 찾아 주고는 한다.

여기!

어머!

나를 힘들게 하는 생각의 패턴을 발견한 후부터 나의 문제소유가 점점 줄어들고 자유로워짐을 경험하게 되었다.

으쓱   으쓱

　　대부분의 사람이 부부관계에서 갈등을 겪고 있지만, 사실 부부관계에서 문제를 소유하게 되는 유형의 종류는 그렇게 많지 않다. 그 몇 가지 되지 않는 문제들로 인해 계속 갈등을 겪는 것이다. 주인공도 자각을 실행하기 전까지는 매번 반복적으로 아내와 같은 문제로 같은 스트레스와 갈등을 겪어 왔을 것이다. 그런데 문제소유 가리기, 즉 감정자각을 통해 "문제소유가 점점 줄어들고 자유로워졌다."라고 보고하고 있다.

　　그리고 자신의 생각 패턴을 통찰함으로써, 더욱 수월하게 자신의 문제소유 상태를 알아차릴 수 있게 된 점도 눈여겨볼 부분이다. 예를 들어, 예전에 주인공이 '아내는 내 말을 잘 듣지 않아.' '나를 무시해.' 등의 생각을 하였다면, 이제는 자신의 생각 패턴을 발견하고, '아내가 일부러 내 말을 듣지 않는 것은 아닐 거야.' '아내가 열쇠를 일정한 장소에 두지 않았다고 나를 무시한다고 생각할 필요는 없지.'라는 생각으로 변화가 일어났다. 그리하여 보다 지혜롭게 대처하게 된 것이다. Part 1의 '생각을 생각으로 보기' 참조.

from.

3. 아내의
토요일 출근

우리 집에는 규칙이 있다.
토요일 아침에는 온 가족이 다 같이 모여서 식사를 하는 것!
평일에는 직장과 학교 때문에 얼굴 보기 힘든 가족을 위한
특단의 조치였다.

토요일 아침, 식사시간이 지났지만 아내가 일어나지
않는다. 한참을 기다리다 다시 깨워 보지만
그래도 일어나지 않는다.

그분이
오시려나?

그래, 참자!
피곤해서
그러겠지….

배고프다고 칭얼대는 아이들을 달래 가며 책을 읽어 주고
있던 중, 아내가 일어나서 나왔다.

나 어제 회사에서 처리 못한
일이 있어서 다시 회사
나가 봐야 해.

배고파!

그러더니 쌩하고 욕실로 들어갔다.

화장실

탁

밥은 어제
준비해 놨으니까
데우기만 하면
돼~!!

나는 속으로 '참아야 한다.'를 되뇌며 가까스로 마음을 다스리고 있었다.

그분이 서서히 올라오고 계시는구나.

참아야 한다, 참아야 한다, 참아야 한다….

그때 아내가 욕실에서 나오며 소리쳤고, 순간 겨우 저 아래로 내려보냈던 그분이 제트기를 타고 올라오셨다.

가스레인지에 찌개 올려놨는데 탄 냄새 나잖아! 빨리 불 꺼!

아니, 가스레인지에 찌개 올려놨으면 올려놨다고 얘기를 해야 할 거 아니야!!

타!

주방에 가 보니 가스레인지 위의 찌개가 타 들어가고 있었다. 타 들어간 찌개가 내 마음처럼 느껴졌다.

아… 그 님이 오셨구나. 근데 감정이 앞서서 늦게 알아차렸구나….

머리로는 분명히 인식이 되었지만 벌렁거리는 가슴이 진정되지 않는다. 그분은 돌아갈 생각을 하지 않고 있었다.

나는 일주일 동안 일하느라 바빠서 애들 얼굴도 제대로 못 보고 고생해서 토요일 하루는 아내가 챙겨 주는 밥도 얻어먹고 아이들과 시간도 보내면서 위로 받고 싶었는데..

그런데 아내는 아내 나름대로 직장에 애들 건사에, 심지어 주말까지 일하느라 얼마나 힘들었을까….

마음으로 이해하려고 노력을 해 봤지만 나의 감정이 완전히 다스려지지 않음을 느꼈다.

움츠러든 내 자신을 바라보며 스스로 칭찬을 해 주니 마음이 한결 가벼워졌다.

이 사례의 주인공은 '그분이 서서히 올라오고 계시는구나.'라고 하면서 자신의 감정에 대한 러블리 어텐션을 시도하고 있다. 하지만 자신의 욕구가 좌절됨으로 인한 분노 감정이 너무 강했기 때문에, 실제로는 의도대로 마음이 다스려지지 않아 상당히 애를 먹었다. 결국 아내의 말 한마디에 화를 내고 말았다. 우리가 평소에 경험하게 되는 너무나 익숙한 상황이다. 이처럼 자각과 러블리 어텐션을 실행한다고 해서 항상 마음이 편안해지는 것은 아니다.

그런데 주인공은 다행스럽게도 감정의 홍수상태에 완전히 빠지지는 않았다. 나름대로 자각 에너지가 끊어지지 않도록 노력함으로써, 나중에는 자신의 좌절된 욕구를 통찰하고 아내의 입장도 이해하고, 합리적이고 긍정적으로 생각하기에 이르게 된 것이다. 정말 힘든 상황을 멋지게 해내었다. 사실 이런 사례는 아주 모범사례에 해당이 되며, 보통의 부부들이 흔하게 겪게 되는 상황과는 다소 거리감이 느껴질 수 있다. Part 1의 '생각 알아차림' 참조.

4. 남편의 물건정리 습관에 대한 섭섭함

온 집안을 휘젓고 다니며 사고를 치는 3세 아들이 의자를 계단 삼아 책상 위로 올라가고 있었다. 책상 위에는 방금 남편이 마시다가 만 커피가 커다란 머그잔에 담겨 있었다. 나는 다급하게 아이에게 큰 소리를 질렀다.

우앙~

아가 조심해!

순간 아이가 다치면 어쩌지 하는 걱정보다 화가 올라오는 것을 느꼈다.

내가 왜 아이에게 화를 내지? 이 화는 어디서 온 거지?

나의 마음을 탐색해 들어가니 문제의 원인이 남편에 대한 섭섭함에 있는 것을 깨닫게 되었다. 물건을 항상 아무 데나 두는 남편에 대한 생각이 아들에게 화를 내게 했던 것이다.

택배 박스

먹고 난 그릇들

의류

보관 책

벗은 양말

부부관계 스트레스로 인한 감정을 자녀에게 화풀이하게 되는 경우가 있으며, 반대로 자녀관계 스트레스로 인한 감정을 배우자에게 화풀이하게 되는 경우도 있다. 특히 건강하지 못한 사람, 건강하지 못한 가정일수록 한 사람의 문제소유가 모두의 문제소유로 될 가능성이 크다. 그리고 이때 자기 자신이 가족에게 화풀이를 하고 있는 사실을 모르거나, 알아도 감정조절이 잘 안 되는 점이 더 큰 문제이다.

이 사례의 주인공도 자칫 남편에 대한 원망이 쌓여 자녀에게 화풀이를 할 뻔하였다. 그러나 주인공은 순간 자각을 통해 문제소유 상태를 알아차리고 자신을 통찰할 수 있게 됨으로써, 남편에 대한 섭섭함이 문제소유의 원인으로 자리 잡고 있음을 깨닫게 되었다. 이 사례는 자각이 바로 여유이고 지혜이며, 평화로 이어짐을 보여 주는 좋은 예이다.

5. 방바닥에 깔린
아내의 머리카락

자꾸 방바닥이 머리카락으로 가득하다.

오...

어제 저녁 아내가 머리를 손질한 것이 생각났다.

분명
머리 손질하고
떨어진 머리카락을
모아서 쓰레기통에
잘 버리라고
늘 이야기를 했건만
여전히 내 말을
듣지 않고 있군.

찰나 불편한 감정이 감지되었다.

불편한 감정이
시작되려 하는구나.

앞의 예와 상황은 다소 비슷하지만, 이 사례는 아내와 남편의 입장이 반대로 된 경우이다. 부부관계 혹은 인간관계에서 흔히 경험할 수 있는 일상적인 갈등상황이다. 비록 일상적인 상황이라 할지라도 당사자에게는 참기 힘든 일이 되고, 때로는 정말 괴로운 일이 될 수도 있다. 매번 반복되는 일을 또 겪는 것에 대해 더욱 화가 날 수도 있다. 그런데 순간 자각을 하게 됨으로써, 자신의 마음을 객관적으로 바라보게 되고, 아내의 입장도 객관적으로 바라보게 되었다.

거듭 언급하지만 부부관계에서 문제를 소유하지 않을 수는 없으며, 문제소유에서 빠져나올 수 있는 특별한 비법 또한 없다. 다만 우리는 문제소유 가리기를 하는 방안을 추천할 수 있을 뿐이다. 문제소유에 대한 자각을 하다 보면, 그때마다 잠시 문제소유에서 벗어나 여유를 갖고 합리적으로 대처하게 되고, 나중에는 점점 더 빨리 문제소유에서 빠져나오거나, 혹은 점점 더 문제소유를 하지 않게 될 것이다. 이것이 건강한 부부, 건강한 가정의 표상이 된다.

6. "바보야!
그것도 몰라?"

예전에는 남편이 나를 무시한다고 생각했지만 지금은 나를 걱정하는 남편의 진짜 마음이 보이는 것 같다.

이제는 남편이 어떤 말을 해도 마음의 준비가 되어 있는 것 같아 남편과의 대화가 즐겁다. 그리고 요즘 부쩍 남편과의 사이도 더 좋아진 것 같다.

부부관계 갈등상황에 직면한 부부들은 종종 그 상황과 관련되는 과거의 미해결과제로 인해 갖게 되는 감정에 휩싸인 채 상대를 원망하고 비난하게 되기도 한다. 그 미해결과제는 배우자와 직접적으로 관련된 경우도 있으며, 때로는 자신의 성장기와 관련될 뿐, 배우자와는 전혀 관련이 없을 수도 있다. 여하튼 미해결과제로 인해 쌓여 왔던 감정들과 미해결 욕구가 자신의 마음을 가득 채움으로써, 분노 혹은 불안 속에서 감정적으로 대처할 가능성이 커지게 된다. 이 사례에서도 주인공 또는 주인공의 배우자가 그러한 사고와 감정에 빠졌을 수도 있었을 것이다.

하지만 당사자인 두 사람 중 한 사람이 자각을 통해 여유를 갖고 대하게 되면 관계의 변화가 일어나게 된다. 나아가 이 주인공은 자각을 통해 자동적 부정사고ANT를 자동적 긍정사고APT로 바꿀 수 있게 되었다. 그리하여 나중에는 '언제든지 와라.'라고 기꺼이 준비된 자세를 취하고 있으니, 감정의 노예가 아니라 감정의 주인이 된 셈이다. 이 만화에서 일일이 다 표현되지 않아서 구체적으로 알 수 없지만, 주인공이 이렇게 되기까지 아마도 상당한 노력과 시간이 필요했을 것이다. Part 1의 '생각 알아차림' 참조.

from.

Chapter 9

부모와의 관계에서 러블리 어텐션

1. 시아버지의 꾸중

마음에서 올라오는 감정을 한 발짝 떨어져서 바라본다.
천천히 감정이 내려가면서 편안함이 느껴진다.

어떤 주부들은 "단어 앞에 '시' 자만 붙어도 짜증이 올라온다."라며 시댁 식구들과의 관계에서 겪고 있는 고통을 호소하기도 한다. 만약 주인공이 시아버지의 전화통화로 인해 계속 감정의 홍수상태에 빠졌다면, 첫째, 귀대한 아들에게 비난과 비판을 하거나, 둘째, 시아버지를 대하는 일이 부담스러워 시댁에 가거나 전화통화를 하는 일을 꺼리게 되거나, 셋째, 자신의 시댁 식구와 결혼생활에 대한 비관적인 생각을 함으로써 더욱 불행을 자초하게 되는 등 비합리적인 반응을 하게 될 가능성이 커질 것이다.

하지만 이 사례의 주인공은 순간의 자각으로 자신의 감정과 상황을 객관적으로 바라보고 대처함으로써, 이 일을 일상에서 겪는 한 해프닝으로 넘기게 되었다. 이처럼 '자각'의 있고 없음은 결과적으로 너무나도 큰 차이를 가져온다. 물론 이렇게 즉각적으로 자각을 실행하기란 정말 쉽지 않으며, 많은 시행착오를 거쳐야 할 것이다.

2. 나로 인한 엄마의
문제소유

자각을 하면서 좋아진 것은 내가 다른 사람의 감정에
휘둘리는 일이 적어졌다는 것이다. 전에는 다른 사람의
문제를 내 문제로 가져와서 화내고 짜증 냈었다면
지금은 내 문제로 만들지 않아 편안해진 것이다.

저건
저 사람의
문제!

얼마 전 엄마가 갑자기 나의 생활태도와 건강상태를
이야기하며 잔소리를 시작하셨다. 예전 같았으면 "또
잔소리!"라며 나도 같이 짜증과 화를 냈을 것이다.

에휴

너는
밝은 대낮엔
뭐 하길래
늦게 자고….
그러니 항상
골골거리지!!

그런데 순간 '엄마가 나로 인해 문제를 소유하고 계시구나.'라고 생각하니 전처럼 엄마의 잔소리가 짜증으로 들리지 않고 그저 엄마가 문제를 소유하고 있다는 사실로만 전해졌다.

그러자 엄마가 부드러운 목소리로 얘기하시기 시작했다. 나도 웃으며 이야기를 이어 나갔다. 여유가 생기고 편안해진 느낌에 기분이 좋았다.

사실 자녀의 독립보다 부모의 독립이 더 어렵다. 특히 연세가 드신 부모님일수록 자녀의 문제로부터 스스로 변화하여 자유롭게 되기가 더욱 쉽지 않다. 이 사례에서 주인공은 교과서처럼 멋지게 대처를 하였다.

여기에서 상대방이 문제소유를 한 경우에는 상대의 마음을 공감해 주고, 자신이 문제를 소유한 경우에는 자신의 마음을 표현하는 의사소통 방법을 제안하고자 한다. 예를 들어, 이 사례에서 주인공이 "엄마! 내가 아플까 걱정이 되는가 봐요?"라고 상대의 마음에 먼저 공감해 주고, 필요하다면 나중에 "엄마가 나로 인해 걱정을 하시니까 나도 마음이 쓰이고 편하지 않네요."라고 자신의 마음을 진솔하게 고백해 보는 것은 어떨까 싶다. 물론 때로는 만화에서처럼 유머를 적절히 사용하는 게 더욱 효과적일 수도 있다.

3. 시어머니의 불만과
문제소유

그러면서 아이들 이야기, 남편 이야기를 하며 분위기를 풀어 보았다. 순간을 잘 넘긴 것 같아 기쁜 마음이 들었다.

이 사례는 앞의 시아버지 사례와 문제소유 패턴이 유사하다. 시댁 식구들과의 관계뿐 아니라, 모든 인간관계는 문제소유하기를 작정하는 것과 다름 없다. 어차피 관계를 맺고, 문제소유를 할 바에는 오히려 적극적으로 대처하자.

바로 문제소유를 하였을 때 '자각'을 하는 것이다. 나아가 '문제야 언제든지 오라!'고 기꺼이 경험하기를 하면 더욱 좋다. 똑같은 문제소유 상황이지만, 어쩔 수 없이 받아들이는 것과 자각을 하고 기꺼이 경험하는 것은 그 결과가 천지 차이이다. 이 사례에서 주인공이 순간의 자각으로 여유를 갖고 대처를 한 결과가 이를 잘 말해 주고 있다. 만족스러운 수준은 아닐지라도 노력한 만큼 가정의 평화와 행복을 키워 나가게 될 것이다. Part 1의 '느낌에 대한 러블리 어텐션' 참조.

4. 쇼핑에 대한
아빠의 질책

오랜만에 가족들과 쇼핑을 갔다. 마침 내가 사려고 마음먹었던 구두가 있는 매장에서 구두를 구경하고 있는데 아버지가 한마디 하신다.

집에 신발도 많은데 그걸 꼭 사야 하냐?

순간, 즐거운 마음으로 기대에 부풀었던 마음이 순식간에 다 무너졌다. 화도 나고 속상하고 억울했다.

사 달라는 것도 아니고 내가 모은 돈으로 내가 사는 건데 왜 내가 사치라도 하는 것처럼 말씀하시지?

그때, 자각이 생각나면서 지금 이 감정을 제대로 느껴봐야겠다는 생각이 들어 조용히 내 감정을 느꼈다. 그 마음을 온전히 느껴 보려고 하다 보니 억울하고 속상함에 눈물이 조금 흘렀다.

내가 문제를 소유했구나.

엄마가 나에게 말을 걸었지만 나는 조금 더 이 느낌에
머물고 싶어 집중했다. 그 후에도 올라오는 화와 속상한
감정은 내가 아직도 문제를 소유하고 있음을 느끼게
해 주었다.

그리고 다시 엄마의 질문에 대답을 했는데 생각보다
아무렇지도 않게 이야기를 하는 내 모습을 볼 수 있었다.

문제소유의 배경에는 '내가 옳다.'는 생각이 자리 잡고 있는 경우가 많다. 이런 경우, 문제소유에서 벗어나기 위해 상대를 변화시키려고 시도하게 된다. 그 과정에서 종종 상대를 비난하게 됨으로써 관계가 악화되고 자신의 감정도 더욱 악화되기도 한다. 때때로 상대방이 부모님처럼 윗사람이거나 대하기 어려운 대상인 경우에는 표현하지 못하고 억압하게 됨으로써 나중에는 엉뚱한 상황에서 감정을 폭발하게 되기도 한다. 이 사례의 주인공도 그러한 과정을 거칠 뻔하였다.

하지만 순간 자각을 통해 감정의 흐름에 변화를 가져올 수 있게 되었다. 정말 쉽지 않은 순간이었는데 제대로 실행해 내었다. 특히 주인공이 감정에 머무르기를 한 부분에 대해 칭찬을 해 주고 싶다. 가끔 문제소유에서 벗어나기 위해 자신의 감정과 생각을 인위적으로 변화시키려 하는 경우가 있는데, 자칫하면 감정억압이나 합리화가 되어 문제소유 상태에서 제대로 벗어나지 못하거나, 나중에 더 크게 문제소유를 하게 될 수도 있다. "바꾸려고 하면 바뀌지 않는다."고 앞에서 언급한 바가 있다. 자신의 감정 또한 마찬가지이다. 러블리 어텐션의 자세로 그 감정에 가만히 머물러 주고 보듬어 주는 게 먼저 할 일이다. 사랑을 충분히 받고 나면 자연스럽게 치유가 되고 변화도 일어나게 된다. Part 1의 '느낌에 대한 러블리 어텐션' 참조.

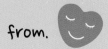
from.

5. 남동생을 편애하는 엄마

순간 문제를 소유했음이 너무나 명확히 보였다. 화가 나고 미운 감정도 알아차렸다. 그리고 '엄마는 항상 나보다 동생을 더 위한다.'는 생각이 나에게 있음을 알아차렸다. 그리고 그 생각이 나를 문제에 빠트렸다는 것도 알았다.

마음이 짠해 온다. 이제는 후련하다. 자신감이 생긴다.

"형제는 태어날 때부터 원수이지요. 부모의 사랑을 나눠 먹어야 하니까요."라는 말을 들은 적이 있다. 그래서인지 부모의 관심과 사랑이 자신보다 다른 형제, 남매나 혹은 자매에게 가는 것처럼 여겨지면, 그로 인해 인지융합이 일어나서 소외감과 불만을 느끼게 되기가 쉽다. 기타 여러 요인에 의해 "부모에 대한 불만은 대부분 기본 재산으로 갖고 있다."라는 우스갯말이 있는데, 필자의 상담 및 교육 경험에 의하면 상당히 동의가 되는 내용이다.

이 사례의 주인공도 마찬가지로 '엄마는 항상 나보다 동생을 사랑한다.'라는 인지융합에 빠져 엄마의 말에 화가 났었다. 이로 인해 어릴 적부터 스스로 자신을 힘들게 하였고, 엄마와의 관계에도 악영향을 미쳤음을 고백하고 있다. 그런데 이번에는 '순간 문제를 소유했음이 너무나 명확히 보였다. 화가 나고 미운 감정도 알아차렸다.'라고 전하고 있다. 그리하여 매번 반복되었던 감정과 생각에서 벗어날 수 있게 되었다. '생각에서' 보는 대신 '생각을' 보는 인지 탈융합이 된 셈이다. 오랜 세월 동안 사실처럼 여겼던 생각에서 벗어나, 이제는 스스로 자신감을 느끼게 되었다고 하니 정말 축하할 일이다. Part 1의 '생각 알아차림' 참조.

6. 시아버지의
아들 걱정

서운한 감정이 확 올라왔다.

하……. 내 걱정이 아니라, 자기 아들 힘들까 봐 걱정하시는구나.

조용히 자각을 해 본다.

부정적인 생각이 올라오는구나.

이제는 내 감정을 자각하고 부정적인 생각을 긍정적으로 바꿀 수 있는 마음의 여유도 찾게 되어서 감사함이 올라온다.

그래도 아버님께서 나를 생각해서 전화해 주신 거잖아~.

생각 속에 있으면 생각의 노예가 되고, 생각을 보게 되면 생각의 주인이 된다. 감정 속에 있으면 감정의 지배를 받지만, 감정을 느껴 주면 감정과 친구가 된다. 그래서 불편한 마음을 알아차리고 관심과 사랑을 주면 대개 심신이 편안하게 된다.

이 사례의 주인공은 시아버지와 통화하면서 부정적인 생각과 감정 속에 있었다. 그래서 그 부정적인 생각의 노예가 되어 서운한 감정의 지배를 잠시 받고 있었다. 그러나 순간 알아차리고 감정에 머물러 주기를 하니, 생각이 긍정적으로 변화되고 감정도 편안하게 되었다. 알아차림으로써 자신의 해석에 빠지지 않고, 사실fact을 있는 그대로 바라보게 되는 힘을 갖게 된 것이다. 거듭 말하자면, 이렇게 그 순간 즉각적으로 알아차림을 하기는 정말 쉽지 않다. "매번 하는 실패와 어쩌다 하는 성공!"이라는 말처럼.

from.

Chapter 10

형제자매관계에서 러블리 어텐션

1. 휴대전화 액정화면을
깨뜨린 동생

"상황이 문제가 아니라 마음이 문제이다."라는 말이 있다. 사실 이 사례에서 예전 같으면 주인공이 당연히 동생에게 짜증을 내어야 할 문제로 여겼을 것이다. 그런데 자각을 하고 자신의 마음을 지켜 보니, 그렇게 당연하게 짜증이 올라왔을 법한 상황에서 주인공은 감정의 동요가 거의 없어서 스스로 신기한 상태였음을 보고하고 있다. 오히려 주인공은 자신을 도우려 한 동생의 선의를 생각하게 되어, 동생과 우의를 다지는 좋은 계기가 된 것으로 보인다. 이와 더불어, 깨진 액정비용은 아깝지만, 자각의 효과를 체험하는 좋은 기회가 되었음은 물론이고……. 이러한 효과는 평소에 꾸준히 노력하고, 문제소유를 기꺼이 경험하고자 하는 태도를 보일 때 가능하게 된다.

2. 엄마와 동생의
갈등 사이에서

갈등과 대립 중인 가족 구성원들 사이에 끼어 고민하게 되는 경우는 우리가 가끔 겪게 되는 경험이다. 이러한 상황에서 어느 한편의 입장을 두둔하거나, 혹은 다른 한편을 비난하게 되면 오히려 상황이 악화될 수도 있으며, 때로는 자기 자신도 함께 갈등에 휘말리게 되어 더욱더 큰 갈등과 괴로움을 야기할 수도 있다. 상담자들도 상담을 실패하게 되는 큰 이유가 내담자들의 문제가 전이되어 상담자 자신도 함께 감정의 홍수 상태에 빠지기 때문이다.

이 사례에서 주인공인 실행한 것처럼, 가족 구성원들의 갈등과 대립 상황에서 그들을 도와줄 수 있도록 먼저 우리 스스로 자신의 마음을 평정시키는 좋은 방법은 바로 자각_{알아차림}이다. 그리고 도움을 주려는 사람은 일단 조용히 상대의 이야기를 들어 주고, 불편한 마음을 알아 주면 좋다. 문제소유로 인해 감정의 홍수상태에 빠져 있는 상대방이 원하는 것은 우선 자신에게 관심과 사랑을 기울여 달라는 것이다.

from.

3. 오빠의 불평불만과
하소연

친정 오빠는 장남으로서
집안의 궂은일을 도맡아 하며 헌신했다.

애야~
큰애야!
네~
네, 가요~

하지만 가부장적인 사고방식과 잘 풀리지 않는
어려운 일들로 인해 자주 화를 내고 형제들과 다툼을
벌이곤 했다.

아우 진짜!!
아 진짜
맨날 왜 그러는데....
짜증 나 죽겠네!!

이런 오빠로부터의 전화는 항상 불편했고 되도록
전화를 받지 않으려고 피하곤 했다.
어느 날, 오랜만에 오빠의 전화를 받았다.

야!! 내가
동네북도 아니고!

너희들
어떻게
그럴 수 있냐!

오빠 오랜만....

분노한 오빠의 목소리가 들려오자 속으로 외쳤다.

오빠의 불만과 하소연이 쉴 새 없이 이어졌다. 도대체 뭐가 그렇게 화가 나는지 묻고 싶었지만, 오빠에게 온 손님을 이유는 묻지 말고 들어 줘야 할 것 같았다.

오빠의 이야기를 묵묵히 듣고 있다 보니 오빠의 이야기가 불평불만이 아닌 하소연임을 알아차릴 수 있었다.

자각을 통해 지혜롭게 대처한 나에게도 수고했다고 격려를 보내며, 반갑게 대면하여 멋지게 보내 드릴 수 있는 손님을 또 기대하며 기다려 본다.

이 사례는 앞의 사례와 상당히 유사한 경우이다. 이때에도 마찬가지로 주인공이 함께 문제소유를 하게 되면, 오빠와의 통화를 회피하거나 반대의견을 표현할 수 있으며, 때로는 훈계나 설득 혹은 해결책 제시를 하게 될 수 있다. 그리고 이후에는 그렇게 해 버린 자신의 행동을 합리화하거나 스스로 후회하게 되기도 한다.

그런데 이 사례에서 주인공은 그 순간 문제소유 가리기를 통해 오빠의 문제소유 상태를 이해하고 '기꺼이 경험하기'를 시도하였다. 쉽지 않았지만 그저 조용히 들어 주었고, 그러다 보니 오빠를 이해하게 되었고, 오빠에 대한 부정적인 관점을 긍정적으로 바꾸게 되었다. 나중에는 오빠가 오히려 고맙게 여겨져서 감사와 지지를 표현하게 되었다. 또한, 그렇게 행동을 한 자신에게도 스스로 지지를 보내었다. Part 1의 '느낌에 대한 러블리 어텐션' 참조. 이 사례의 주인공에게 지지와 찬사를 보낸다.

4. 가족모임과 형제들의
불참 통보

화가 사그라들고 '그럴 수도 있지.' 하는 생각이 들었다.

'기대'로 인해 문제를 소유하는 경우가 참 많다. 어떤 일에 대해 자신이 기대하게 되고, 그것이 좌절되었을 때 좌절감으로 인해 문제 소유를 하게 된다. 그래서 가족들에게 기대가 큰 만큼 실망을 하게 되고, 해당 가족 구성원에 대해 원망을 하게 되어, 가족 간 갈등을 더욱 크게 만들게 된다.

이 사례의 주인공도 너무나 익숙하게 친정 가족에 대해 기대를 하게 되고, 기대에 대한 좌절감을 겪게 되어 나중에는 가족에게 원망을 쏟아부었을 수도 있을 것이다. 하지만 이번에는 알아차림을 통해 자신의 감정과 생각을 통찰하게 되어 자연스럽게 마음이 편안해지고, 나아가 형제들의 입장도 이해하게 되었음을 보고해 주고 있다. 정말 어려운 상황을 멋지게 처리한 주인공에게 박수와 지지를 보내 주고 싶다. 자각과 여유와 지혜가 경험적으로 동의어가 된다는 점을 이 사례에서 다시 한 번 확인할 수 있어서 반갑다.

from.

Chapter 11

개인생활에서 러블리 어텐션

1. 시험불안과
자책

며칠 전부터 올라오던 감정들이 최고점을 향해
올라가고 있다.

감정뿐 아니라 신체적으로도 반응하고 있는 나를 본다.
애써 심호흡을 해 보지만 집중이 되지 않는다.
걱정, 불안, 답답함, 한숨… 나에 대한 한심함과
미움이 올라온다.

시험을 앞두고 걱정이 되고 불안한 것은 지극히 자연스러운 현상이다. 이때, 걱정과 불안은 1차 감정으로 볼 수 있다. 그 일차적인 신체느낌과 감정느낌을 알아 주고 머물러 주면 점점 잠잠하게 되지만, 그렇지 않으면 바로 이어서 생각과 해석이 만들어지고 이로 인해 2차 및 3차 감정들이 만들어질 수 있다. 어떤 학자들은 2차 이상의 감정들을 '쓰레기'라고도 하고, 'dirty' 하다고 말하기도 한다. 이 사례에서 '답답함, 한숨, 나에 대한 한심과 미움 등'은 바로 2차 이상의 감정에 해당이 된다. 실제로 많은 사람들이 이런 과정을 거치면서 심각한 불안과 공황장애를 호소하곤 한다.

이 경우에는 우선, 신체자각이나 감정자각을 통해 잠시 감정의 홍수상태에서 벗어날 필요가 있다. 둘째, 거리두기로서, 자신이 생각과 해석으로 인해 괴로움들이 만들어지고 있음을 자각함으로써 고통에서 벗어날 수 있다. 셋째, 그래도 계속 불안하면 러블리 어텐션을 해 줄 타이밍이다. 신체느낌과 감정느낌을 가만히 느끼고 태동을 느끼듯 사랑으로 그 느낌을 감싸 주면 된다. 넷째, 그래도 계속 불안하다면, 욕구가 너무 강하거나 '감정에 물든 기억'에 휩싸여 있음을 알아차리고 가만히 지켜볼 필요가 있다. Part 1의 '알아차림을 활용한 스트레스관리 4단계' 참조.

from.

2. 인터넷 쇼핑몰의 늦은 배송

전 같으면 쇼핑몰에서 배송이 늦어지면 올 때까지 신경이
쓰이고 짜증이 나고, 물건을 받아도 왠지 마음에 들지 않았다.
그런데 이번에는 바로 내 마음을 알아차리게 되면서 아직
물건도 오지 않고 고객게시판에 답변도 없지만, 짜증도 나지
않고 즐거운 기다림이 되고 있다.

'문제소유'의 배경에는 대개 생각과 기대가 있다. 이 사례에서 주인공은 배송 날짜에 대한 자신의 기대가 있었을 것이며, 그 기대가 어긋나서 '상대가 잘못하고 있다.'라는 생각을 하였을 것이다. 특히 예전부터 이와 관련한 스트레스가 쌓여 왔던 경우라면 더욱더 크게 문제소유를 하게 될 것이다.

그런데 '불편함을 알아차리고 나니 반가운 느낌마저 들었다.'라고 경험을 보고하고 있다. 꾸준히 자각을 실행하다 보면 명확하게 보는 만큼 감정으로부터 거리두기가 되고, 때로는 마치 다른 사람의 마음을 보는 듯 객관화 현상을 경험하게 된다. 그래서 주인공은 자신의 마음이 편안해지는 것은 물론이고, 나아가 상황을 관조하고 기꺼이 경험하기의 태도를 취하게 되었다. '문제 상황이 문제가 아니라, 그 상황을 대하는 마음이 문제'라는 원리를 이 사례에서 잘 이해할 수 있다.

3. 아팠던 고양이가
사고뭉치로

집에서 기르는 고양이가 황달로 많이 아파서
계속 토하고 사료도 제대로 먹지 못한다.

병원에서는 결국 마음의 준비를 하라고 했다.
하루하루 점점 말라 가는 고양이를 보며 매일 밤을
눈물로 지새웠다.

그런데 신기하게 이 녀석이 저절로 살아나
이제 예전보다 더 건강해졌다.
그러더니 예전처럼 여기저기 사고를 치기 시작했다.

순간, 알아차리고 나니,
고양이가 다시금 사랑스럽게 느껴진다.

기대를 하게 되면, 뇌에서는 이미 그 달성상태에 대한 쾌감을 먼저 경험하게 된다고 한다. 그런데 만약 달성되지 않으면, 좌절감과 분노를 경험하게 되고, 심지어는 그 좌절을 불러온 상대에 대한 적개심을 갖게 되기도 한다. 그래서 종종 우리는 특정 대상에 대해 특정 기대를 스스로 한 다음, 나중에는 자기 스스로 좌절감을 만들어 그 상대에 대해 분노와 적개심을 표출하게 된다.

이 사례에서도 마찬가지이다. 고양이가 아파서 사경을 헤매었을 때는 모든 기대를 내려놓았지만, 살아나니 다시 기대를 하게 되고, 기대에 대한 좌절감으로 짜증과 분노를 경험하게 된 것이다. 그런데 알아차리게 됨으로써 기대감을 내려놓게 되었고, 이어서 자동적 부정사고가 자동적 긍정사고로 변화가 되었다. 알아차림으로 자신을 생각과 감정을 긍정적으로 변화시킨 좋은 예이다.

4. 버스 안
시끄러운 통화

감정이 폭발할 듯 밀려오는 순간,
'아! 내가 또 문제를 소유했구나.' 하고 알아차리게
되었다. 그리고 내 마음을 가만히 지켜보았다.

아~
나 지금 화가
많이 났구나....
그래, 저 여자도
오죽 답답하면
저러겠어....

나는 나의 감정을 읽어 주고 혹시 내가 편견을 갖고 있는
건 아닌가 하고 상대의 입장에서 생각해 보려 했다.
그러나 이미 올라온 감정을 주체할 수 없었다.

누구나 화나면
저럴 수 있지....
나까지 불쾌할
필요 없어....

....
....
그래도
해도 해도
너무 하는 거
아니야!!??

나는 내 감정을 다스리려는 노력을 내려놓고 조용히
신체자각을 시작했다. 눈을 감고 숨을 들이쉬고 내쉬면서
천천히 숫자를 세어 본다. 마음이 조금은 평온해지는
느낌이다.

하나, 둘, 셋....

아 시끄러

에이씨
진짜...

심신이 피곤하고 힘들 때는 조그만 자극에도 쉽게 짜증이 나고 불편해질 수 있다. 하물며 조용한 버스 안의 시끄러운 통화 목소리는 더더욱 참기 힘들다. 더구나 30분이나 계속 통화를 하다니. 사실 이런 경우에는 통화를 하고 있는 상대방에게 정중하게 통화예절을 지켜 달라고 요청하는 게 현명한 방법일 수 있다. 다만, 이 경우에도 화가 난 상태에서 말하기보다 차분하게 표현하는 게 효과적이다. 그리고 자신의 마음을 편안하게 하는 것은 자신의 정신건강을 위해서도 필요하다.

하지만 자각을 시도한다고 해서 마음이 항상 편안해지는 것은 아니다. 심신이 힘들거나 자극이 너무 강할 때에는 특히 쉽지 않다. 그럼에도 불구하고 이 사례의 주인공은 몸 알아차림을 통해 평온을 유지하는 법을 실천하고 있다. 어려운 상황일수록 단순하게 신체자각을 하는 게 종종 도움이 된다. Part 1의 '몸 알아차림' 참조.

from.

5. 심야의
문자메시지

투덜거리며 몸을 일으켜 핸드폰을 확인했다. 그런데 동수가 아닌 기다렸던 친한 친구의 메시지다. 갑자기 짜증이 반가움으로 바뀌면서 문제가 사라짐을 느낀다.

색다른 충격이었다. 상황이 문제를 만드는 것이 아니라 나의 생각이 문제를 만드는 것이었다. 나의 생각에 따라 문제를 소유할 수도, 그렇지 않을 수도 있다는 것을 깨달았다. 자각을 마음으로 몸으로 느낄 수 있었던 소중한 경험이었다.

문제소유의 배경에는 대개 자동적 부정사고가 깔려 있다. 그런데 자각_{알아차림}을 하면 자동적 부정사고가 자동적 긍정사고로 전환이 되는 경우가 많다.

이 사례에서 주인공은 그러한 원리를 깨닫는 경험을 하였다고 보고해 주고 있다. 자신의 생각이 감정을 만들어 내고 있음을 충격적일 정도로 분명하게 보았다고 전하고 있다. 정말 쉽지 않은 상황에서 주인공은 생각 알아차림 경험을 선명하게 하였다. 이러한 경험들이 쌓여 가면서 생각의 노예가 아니라 생각의 주인으로 점점 변화되어 가게 된다. 나아가 인생의 주인으로 되어 간다.

6. 교수님과
아버지

열심히 노력하셔서 자수성가하신 아버지.
자기관리가 철저하시고 예의를 무척 따지시며 게으른
것을 용납하지 않으셨다. 아버지의 기준에 맞지 않으면
집안을 공포로 만드셨다.

그 아버지와 교수님이 너무 닮았던 것이다.
성품과 외모 모두!! 아버지 앞에서 긴장하며 얼어 있던
내 기억이 교수님을 보며 다시 살아났던 것이다.

교수님을 왜 그렇게 어려워했는지 알고 나니 갑자기
교수님이 친근하게 느껴졌다. 긴장하지 않고 웃을 수
있을 것 같았다.

교수님을 뵐 일이 생겨서 만나고 나오는 길, 스스로 소스라치게 놀랐다. 전혀 긴장을 하지 않고 즐겁게 대화를 나누었던 것이다.

어쩌면 교수님은 그동안 차갑게 대해 주신 게 아닐지도 몰라. 내가 스스로 그렇게 인식했을 뿐…. 부지런함과 인내를 가르쳐 주신 아버지 보고싶어요~.

피식

우리의 현재 삶은 과거로부터 습득한 습관에 의해 이루어지고, 현재의 습관적인 반응행동은 과거의 경험에 영향을 받는 경우가 종종 있다. 예를 들어, 가정을 소홀히 하는 남편에게 지나치게 화가 나는 아내의 성장기를 살펴보니, 가정을 제대로 돌보지 않은 친정아버지에 대한 원망이 강하게 깔려 있었다. 그리고 잔소리를 많이 하는 아내를 지나치게 싫어하는 남편의 성장기를 살펴보니, 남편은 부모님이 너무 심하게 싸우는 모습을 보고 자라서 '자신은 절대로 아내와 싸우지 않을 것이다.'라는 신념이 굳게 형성되어 있었다고 하는 경우가 대표적인 예이다. Part 1의 '기억 알아차림' 참조.

이와 유사한 이치로, 주인공은 기억자각을 통해 그 교수님으로부터 두려웠던 친정아버지의 이미지를 무의식적으로 떠올리고 있음을 통찰하게 되었다. 주인공은 이후 그 교수님과 스스로 놀라울 정도로 전혀 긴장하지 않고 대화를 나누게 되었으며, 나아가 두려움의 존재였던 친정아버지를 긍정적으로 재해석하고, 친정아버지를 그리워할 정도로 마음의 변화가 일어나게 되었다고 전하고 있다. 이처럼 자각을 통해 사실을 객관적으로 바라보게 됨으로써, 수용하는 마음 자세와 함께 자연스러운 행동변화가 일어나기도 한다. 주인공이 이렇게 되기까지 자각에 대한 상당한 노력이 있었으리라 추측된다. 주인공의 노력과 용기에 감탄과 지지를 보내는 바이다.

7. 난폭운전과 보복운전

나도 모르게 상대방 운전자가 한 것처럼 헤드라이트를 켜고 경적을 울려 댄다. 그리고 속도를 올리며 상대를 따라간다.

그 찰나 이런 생각이 번쩍 들었다.

아, 내가 왜 이런 사소한 일에 바보 같은 행동을 하는 거지? 나는 문제가 없었는데 상대방의 문제가 내 문제가 되었구나!

순간, 올라오는 감정에 관심을 기울이고 가만히 느껴 보았다. 문제의 소유를 가리니 마음이 차분해지며 다시 평정심을 찾을 수 있었다.

난폭운전과 보복운전은 최근 언론에서 종종 다루고 있는 문제이다. 사소한 일이 때때로 큰 문제를 만들게 된다. 특히 스트레스가 쌓여 있거나 예민한 상태에서는 조그마한 자극에도 쉽게 감정적으로 대처하게 된다. 운전시비가 그 대표적인 예이다. 이때 잠시 감정의 홍수에서 빠져나올 수 있다면, 운전시비들은 큰 문제가 되지 않을 수도 있게 된다.

이 사례에서 주인공은 전형적으로 난폭운전으로 인한 보복운전을 하고 있었다. 그러나 찰나 자각을 통해 자신을 성찰하게 되고, 감정의 홍수상태에서 빠져나올 수 있게 됨으로써, 그러한 행동을 멈출 수 있게 되었다. 이처럼 자각_{알아차림}은 바로 운전시비로 인한 감정의 홍수에서 빠져나오게 하는 멋진 방법이다.

Chapter 12

직장생활에서 러블리 어텐션

1. 동료와의
말싸움

직장 동료와 다툼이 있었다. 그저 농담 끝에 시작된
말싸움에 마음까지 상하게 되었다.

농담 가지고
이러기야?

말을 왜 그렇게 해??!!

상대방과 대화도 하고 사과도 받았다.
겉으로는 문제가 사라진 것처럼 보인다.
하지만 내 마음이 풀리지 않는 것이 문제이다.

미안해.

괜찮아.

상대방을 어느 정도 이해하면서도
계속 감정에 휩싸인다.

으...

왜 그랬지?
왜 그랬어야만 했지?

직장에서 대인관계를 잘 유지하기란 쉽지가 않다. 그래서 많은 직장인은 직장 내 스트레스 중 대인관계 스트레스가 가장 큰 비중을 차지한다고 말한다. 그리고 때로는 생각으로 문제를 해결하려 하면 할수록, 계속 생각에 생각이 꼬리를 물고 일어날 뿐, 오히려 생각과 감정이 더 복잡해지고, 출구가 안 보이는 경우가 있다. 이때에는 오히려 단순하게 신체자각을 하는 것이 효율적이다. 조용히 신체에서 느껴지는 감각을 자각하다 보면, 조금씩 마음이 차분해지고 자신의 생각과 감정으로부터 거리두기가 되며, 나아가 자신의 문제를 객관적으로 바라보는 힘이 생기기도 한다. Part 1의 '알아차림을 활용한 스트레스 관리 4단계' 참조.

2. 부탁을 잊어버린
　　　　　　　 동료

이 사례에서 주인공이 그 일에 대한 기대가 크거나, 혹은 그동안 쏟은 에너지가 많았던 만큼 좌절감이 커서 감정조절을 하기가 어려웠을 것이다. 나아가 평소 그 동료에 대한 고정관념이 작용하여 더욱 불쾌감에서 벗어나지 못하였을 것으로 추측이 된다. 하지만 힘든 상황에서 일단 알아차림을 통해 자신의 심신을 안정되게 유지하고자 노력함으로써, 자신의 감정에 휘둘리지 않는 것만으로도 의미가 있다.

이번 일을 통해 그 동료에 대한 자신의 관점과 자신의 행동에 대해 지혜롭게 성찰하고, 앞으로 그런 일을 반복하지 않도록 판단하고 행동할 수 있는 계기가 되었을 것이다. 그리고 재발방지를 위해 필요하다면, 동료에게 나 자신의 감정을 진솔하게 표현해 보는 방법도 고려해 볼 수 있지만, 상대방이 자칫 반발하거나 갈등이 커질 위험이 있으니 유의해야 한다.

3. 임원들 앞의
업무보고

나는 앞에 서는 일에 별로 긴장하지 않는 편이다.
그런데 웬일인지 오늘 업무보고는 자꾸 떨린다.
임원들 앞에서 중요한 보고를 해야 한다는 사실에
긴장했나 보다.

순서를 기다리며 초조해하던 순간,
나도 모르게 알아차리기를 하고 있었다.

흥흥

나 지금 떨고
있구나! 손이 차고
목이 마르네..
흥흥, 호흡을 조절하자.

이런 긴장된 순간에 자각을 하고 있는 나를 발견하고
웃음이 나왔다.

자각의 효과 덕을
톡톡히 보고 있군.

직장에서 중요한 업무보고를 하게 되면 긴장되고 떨리는 것은 당연하다. 더구나 평소에 대면조차 제대로 하기 어려웠던 임원들 앞에서라면 더욱 그러할 것이다. 이러한 경우에 종종 스스로 '괜찮다.'라고 되뇌면서 긴장하지 않으려고 하면 할수록 더욱더 긴장이 될 수 있다. 왜냐하면 자연스런 심신 현상을 거부하고 억압하게 되면, 자신의 의지와 상관없이 무의식적으로 더욱 긴장되고 떨리게 된다. 일종의 풍선효과와 같은 셈이다.

그냥 잠시 심신의 긴장감에 관심을 기울이고, 알아 주고 머물러 주면 된다. 전형적인 러블리 어텐션의 방식이다. 마무리로 긴장된 자신의 심신을 향해 빙그레 한번 웃어 주면 된다. Part 1의 '몸에 대한 러블리 어텐션' 참조.

4. 부하직원의
지각 출근

상사와 갈등을 겪고 있는 한 직원이
연락 없이 출근을 하고 있지 않다는 보고를 받았다.

뭐!!?

홍길동 사원이 출근을
하지 않았습니다.

순간 매우 불쾌한 감정을 느꼈다.

어쭈, 지금
한번 해 보자는
거지!!???

버럭

쾅

일하기 싫으면
아예 회사를
그만두라고 해!!!

순간 알아차릴 수 있었다. 나는 내 스스로 무언가 올라
오고 있는 것을 느낄 수 있고, 그 순간 감정이 줄어듦에
많이 놀랐고 신기했다.

앗!

아차! 또 문제를
소유했구나.
생각이 또
만들어졌네....

나는 그 직원과 대화하였고,
내 생각이 지나친 오해를 낳았음을 알게 되었다.

죄송합니다.
오는길에 사고가....

고생했네.

어떠한 상황에서 감정이 폭발하는 것은 대개 그 상황과 관련한 자신의 기대와 욕구가 좌절되었기 때문이다. 이 사례에서 주인공은 부하직원이 성실하게 근무하여 자신이 책임진 부서가 안정되게 운영되기를 바라고 있었을 것이다. 그리고 상사로서 자신의 권위가 지켜지기를 바라는 욕구도 있었을 수 있다.

그래서 부하직원이 늦은 출근에 대한 보고를 받는 순간 감정이 폭발하게 되었다. 왜냐하면 자신의 욕구가 좌절되었기 때문일 것이다. 즉, '부하직원이 자신의 권위에 도전하고 있다.' '그로 인해 자신이 책임진 부서업무가 원활하게 돌아가지 않을 것이다.' '그 직원은 의도적으로 자신을 무시하고 있다.'라는 생각들이 스쳐 지나갔을 수 있다. 하지만 순간의 알아차림을 통해 자신의 감정을 다스리고, 자신의 생각에서 빠져나와 사실을 있는 그대로 보는 지혜를 갖게 되었다. 그 덕분에 부하직원과 소통하고 관계를 더욱 다지는 계기를 만들 수도 있다. Part 1의 '생각 알아차림' 참조.

from.

5. 나이가 많은
동료의 지시

직장동료 중에 자신이 나이가 많다는 이유로 상급자인 팀장의 말을 무시하고 자신이 직접 지휘를 하는 동료가 있다. 어느 날, 그 동료가 나에게 업무 지시를 하는데 몹시 불쾌한 감정이 들었다.

이 리포트를 분석해서 우리 과제를....

뭐?

나는 이것이 어디서 온 불쾌함인지 생각해 보았다. 한참 생각한 후에 나는 이것이 무시당했다고 생각한 데서 온 모멸감이었다는 것을 알아차렸다.

음...

내가 무시당했다고 생각했구나.

나는 나에게 초점을 맞추기 시작했다.

모든 것은 그 동료의 말과 행동이 아닌 나의 생각일 뿐이야.

또 그 동료가 내게 똑같은 태도로 지시를 했다. 나는 그 순간을 자각하며 있는 그대로의 나를 표현했다.

......

김 대리, 그건 너무 아닌 것 같아! 이런 방법으로 해 보자.

조금씩 사이가 호전되었지만, 아직 불편한 마음이 미세한 찌꺼기처럼 남아 있었다.

그러던 어느 날 그 동료가 또 나에게 지시를 한다. 그런데 이제는 이전과 같은 불쾌한 기분이 들지 않고 마음이 평온하다.

과거에 모멸감으로 불쾌했던 내가 사라지고, 현재의 이 순간, 오로지 지금만이 있을 뿐이다. 자각으로 이 순간에 깨어 있는 동안에는 그와 나, 그 상황과 나만이 있을 뿐, 다른 어떤 것도 끼어들 틈을 내어 주지 않는다는 것을 똑똑히 보았다.

사고의 동물인 인간인 우리는 생각하고 판단할 수밖에 없으며, 이는 자연스러운 현상이다. 그래서 어떠한 상황을 대할 때, 우리는 자신의 생각과 해석에 근거하여 판단하고 행동한다. 대뇌 전두엽의 판단기능에 의존하여 빨리 판단하고 반응을 하는 것이 생존에 유리하기 때문에 이러한 판단기능은 인류가 발달해 올수록 더욱 강화되어 왔다. 그런데 우리들은 종종 '사실에 근거하여 자신이 판단하고 행동하고 있다.'라고 착각하는 경향이 있다.

자신이 만든 판단과 해석에서 빠져나오려면 일단 자신의 감정과 생각을 자각해야 한다. 자신의 생각에서 빠져나오기는 결코 쉽지 않은 일이다. 왜냐하면 자신의 생각을 사실로 믿는 '인지융합'의 습관이 너무나 강하기 때문이다. 특히, 그와 관련하여 쌓여 온 기대 또는 상처가 많으면 많을수록 그 습관은 더욱 강하게 작용하여 자신의 감정과 사고를 지배하려 한다. 하지만 자각의 횟수를 거듭할수록 '팩트 체크fact check'의 힘은 강해진다. 그 힘만큼 생각과 감정의 주인으로서 살아가게 될 것이다. Part 1의 '생각을 생각으로 보기' 참조.

6. 잘 모르는
상사의 반말

다시 그 무례한 사람에게 전화가 왔다. 하지만 이번엔 전화를 끊자마자 순간 '그분이 오셨다.'는 자각이 되었다.

이렇게 생각하자 그 사람의 말투가 별거 아니게 느껴졌고 마음이 가벼워졌다.

직장 내 언어 사용은 참 조심스럽고 예민한 부분이다. 의사소통 방식은 무의식적으로 이뤄지는 습관적인 요소가 강하기 때문에 상대방에게 어떤 영향을 끼치는지 모르고 그냥 사용하게 된다. 그래서 상사가 무의식적으로 사용한 언행으로 인해 부하 직원들은 종종 업무에서 직접적인 고통을 겪을 뿐만 아니라, '자신이 무시당했다.'라는 인지융합에 빠지게 됨으로써, 더욱더 큰 괴로움을 갖게 될 수 있다.

인지융합 현상 중에서 상황이나 타인의 반응에 근거하여 자신을 평가하고 판단하는 자기개념화가 있다. 자기개념화에 빠지게 되면 스스로 고통을 초래하게 된다. 다행히 이 사례에서 주인공은 자각을 통해 자기개념화에서 빠져나옴으로써, 평정을 유지하고 상쾌한 마음으로 업무에 전념할 수 있게 되었다. Part 1의 '생각인가? 사실인가?' 참조. 한편, 우리 사회의 많은 직장인은 감정노동에 시달리고 있다. 감정노동 업무에 종사하는 직장인들이 '자각과 러블리 어텐션 원리'를 활용한다면, 나름대로 적합한 도움을 받을 수 있을 것이라 기대한다.

7. 신입직원의
사무용품 무단 사용

현상을 있는 그대로 바라보는 것은 참 쉽지가 않다. 항상 우리 자신의 생각을 통해 판단하고 해석하게 된다. 그래서 '인지융합'에 빠지게 되고, 자신뿐만 아니라 대인관계에 불필요한 갈등과 고통을 만들게 된다.

하지만 이 사례에서 주인공은 생각 알아차림을 통해 '인지탈융합'을 이루게 되고, 편안한 심신상태를 유지하게 되었다. 그리고 재발방지나 신입직원의 성장발전을 위해 필요하다고 판단되면, 마음이 편안한 상태에서는 지혜롭게 해당 직원에게 표현할 수도 있을 것이다. 이 사례에서는 공감과 경청을 토대로 '고백의 나-전달법'을 사용하는 방안을 추천하고 싶다.

8. 동료직원의
거슬리는 말투

순간 화가 났다. 상대는 아무렇지도 않은 표정인데 나 혼자 문제를 소유하게 되었다.

"단순함이 위대하다."라는 말이 있다. 고수는 기초에 충실하다. 그리고 고수는 큰 힘을 들이지 않고, 단순한 방법으로 문제에서 벗어날 줄 아는 역량을 갖고 있다. 이 사례는 앞의 사례들과 마찬가지로 동료관계에서 자신의 해석으로 인해 자칫 갈등을 만들었을 법한 사례이다. 하지만 주인공은 문제소유를 자각하는 것만으로 문제소유에서 벗어나 아무렇지도 않게 되었다. 이렇게 자각을 실행하기가 참 어렵다. 하지만 제대로 실행하게 되면, 정말 단순하면서도 큰 효과를 경험하게 된다.

종종 사소한 일로부터 갈등이 시작되어 더 큰 갈등을 만들게 된다. 하지만 그 사소한 일로 인한 감정을 순간순간 깔끔하게 평정할 줄 아는 사람은 불필요한 갈등을 만들지 않는다. 이런 능력을 갖춘 사람이 원만한 인격체로서 역량을 갖춘 사람이다. 그 역량으로 인해 직장생활 및 사회생활에서 큰 힘을 발휘하게 될 것이다.

from.

Chapter 13

교사의 러블리 어텐션

1. 선배 교사의 한마디

부정적인 생각이 들자 곧 알아차림이 왔다. 그 선생님이
나를 무시한다는 생각이 오해를 만든 것이다.

나의 불편한 마음이 보이면서 그 선생님의 불편한
마음도 보였다.

빨간마음: 불편한 마음
파란마음: 자각을 통해 편안해진 마음

이 사례는 전형적인 '상위인지자각metacognition awareness' 경험을 나타내고 있다. '상위인지자각'은 생각이 떠오르는 순간에 생각을 생각으로 경험하는 것으로서, 마음속에 떠오른 생각을 현상에 대한 정확한 반영이 아니라 마음에서 일어났다가 사라지는 정신적인 사건으로 경험하는 것이다.

만약 이 순간 알아차림을 하지 못했다면, 자신의 생각을 사실로 여기고, 상대를 원망하게 되고 동료관계도 힘들어지고 자신도 마음의 괴로움에 빠졌을 것이다. 흔히 이렇게 되기가 쉽다. 하지만 이 사례의 주인공은 알아차림을 통해 자신의 생각을 통찰하게 됨으로써, 생각이 만들어 놓은 가상세계에 빠졌음을 깨닫고, 마음의 고통에서 빠져나오게 되었을 뿐만 아니라, 상대 교사의 마음까지도 이해할 수 있게 되었다. Part 1의 '생각을 생각으로 보기' 참조. 주인공에게 축하와 지지를 보내고 싶다.

2. 두 얼굴의
학생

알아차림을 적용해 보니, 아이는 괜찮은데 나 홀로 화가 나 있음을 깨달았다. 가만히 분노의 감정에 머물렀다.

빨간마음: 불편한 마음

그 후, 서서히 이성이 나를 지배하는 것이 느껴진다.

파란마음: 자각을 통해 편안해진 마음

왔구나! 그래, 언제든지 와라!

244

수업시간에는 의욕을 보이지 않는 학생이 급식시간에는 제 세상을 만난 듯이 활달하게 행동하는 모습을 보게 되면, 교사로서 허탈감과 원망스러움이 충분히 들 수도 있을 것이다. 이 사례의 교사도 마찬가지로 그렇게 되어 가는 과정에 있었다. 이런 상태에서는 자칫 교육이라는 명분으로 학생을 혼내게 되고, 교사 자신도 후회와 심리적 갈등에 빠졌을 수도 있을 것이다.

하지만 주인공 교사는 다행스럽게도 문제소유 가리기와 감정에 머무르기를 통해 감정의 홍수상태에서 빠져나올 수 있었다. 그리고 '기꺼이 경험하기' 자세까지 취하게 되었다. 이러한 태도로 계속 노력하게 된다면, 앞으로 학생들이 문제를 소유하게 만드는 상황에 당면하더라도, 문제소유를 덜 하게 되고, 문제에 보다 지혜롭고 효율적으로 대처하게 될 것이다.

from.

3. 학교업무 짜증과
학생들의 소란

교사들은 수업에 대한 부담뿐만 아니라, 학교업무로 인해 귀찮음과 짜증의 감정이 충분히 생겨날 수도 있다. 만약 주인공이 자신의 상태를 깨닫지 못했다면, 학생들이 다소 소란스럽다는 핑계로 2차 또는 3차 감정을 만들어 학생들에게 화풀이를 했을 수도 있을 것이다. 하지만 주인공 교사는 알아차림으로써 평온한 감정을 얼른 회복하고 수업에 전념할 수 있게 되었다. 앞에서 언급한 상위인지자각이 실행된 셈이다.

이처럼 문제소유로 인해 특정 감정에 빠지게 될 때, 알아차리면 감정의 주인이 되지만, 알아차리지 못하면 감정의 노예가 된다. 그뿐만 아니라, 알아차리면 지혜롭게 행동하고, 알아차리지 못하면 어리석게 대처하게 된다. Part 1의 '생각에 대한 러블리 어텐션' 참조.

4. 원했던 교육시간과
겹치는 출장

예전부터 듣고 싶은 교육이 있었다.

상반기 교육

공지

앗!! 이번에 꼭 들어야겠다.

그런데 출장을 마치는 시간과 교육시간이 겹쳐서 자칫 교육을 받지 못할 수도 있게 되었다.

일정표

교육받기로 한 걸 아시면서 꼭 출장을 보내셔야 하나?

불편한 생각이 드는 가운데, 어수선한 분위기의 아이들이 거슬렸고 야단을 치려는 순간,

조용!

웅성

시끌시끌 웅성

이 사례는 교사 자신의 학교업무 스트레스로 인해 갖게 된 불편한
감정을 학생들에게 옮길 뻔했다는 측면에서 바로 앞의 사례와 상당
히 유사하다. 가족관계와 동료관계 등 다른 대인관계에서도 이러한
감정의 전이 현상은 나타나기 십상이다. 그런데 이 사례의 주인공은
단지 문제소유 가리기, 즉 감정 알아차림을 하는 것만으로도 거기에
서 벗어날 수 있었다고 보고하고 있다.

이 사례를 통해 교사들이 자신의 감정과 사고를 알아차리게 되면,
학생들에게 감정을 전이하려 한 행동에서 빠져나오게 되고, 합리적
으로 판단하고 행동하게 된다는 사실이 더욱 분명해졌다. 깔끔하게
생각 알아차림을 실행한 주인공 교사에게 지지를 보내고 싶다.

from.

5. 제멋대로 소고를 치는 학생

음악시간, 한 학생이 문제를 소유하게 만든다.
먼저 내가 소고로 장단을 치는 시범을 보이는데….

자, 소고는 이렇게~.

그 학생이 마음대로 소고를 치기 시작했다.

그러자 몇몇 학생이 그 학생을 따라서 소고를 마구 치기 시작했다.

내가 화난 표정이 되니 다른 아이들은 눈치를 보며 슬금슬금 그만두는데, 그 학생은 제멋대로 계속 소고를 치고 있다.

무엇인가 하고자 하는 욕구 혹은 의도가 좌절되면, 좌절감과 함께 분노가 발생하게 된다. 이 사례의 주인공인 교사도 자신의 수업이 의도대로 되지 않고 있는 것에 대한 좌절감과 분노가 치밀어 올라 왔다. 그런데 알아차리고 머물러 주는 순간 분노가 사라졌다. 여기에서 주인공은 '올라오는 것이 보였다.'라고 진술하고 있다. 이처럼 감정자각을 제대로 하게 되면, 감정의 거리두기가 되고 객관적으로 바라봐지고 여유가 생기게 된다. Part 1의 '느낌을 알아차리면' 참조.

물론 교육적으로 필요하다면 수업 도중에 그 학생에게 따끔하게 주의를 주거나, 수업 이후에 그 학생을 따로 불러 교사 자신의 불편했던 마음을 분명하게 전달할 수도 있을 것이다. 교사 자신이 화가 난 상태에서 표현하는 것은 교육 행위라기보다 화풀이가 될 위험이 크며, 감정의 홍수에서 벗어난 상태에서 표현하게 되면 교사로서의 훈육행동이 될 가능성이 크게 된다.

6. 만들기 수업시간의
상처

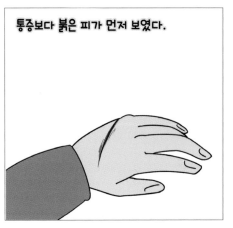

이 기회에 아이들에게 안전의식 고취를 시키기로 했다.
별로 아프진 않았지만 비명도 적당히 지르면서 피가
나는 손을 아이들에게 보여 주었다.

말이 부드럽게 나온다.

앞의 사례에서도 비슷한 현상을 나타내고 있다. 이러한 현상을 '탈중심화'라는 개념으로 설명이 된다. '탈중심화'란 자신의 사고와 감정을 "마음속에 일어나는 일시적인 정신적 사건"으로 관찰하는 능력을 의미하며, 생각이 반드시 현실을 반영한다기보다는 단순히 '생각'으로 바라보는 것을 의미한다.

이 사례에서 주인공 교사는 손에 상처가 나서 피가 보이는 순간임에도 불구하고, 자각을 함으로써 '탈중심화'를 경험하게 되었다. 덕분에 이 교사는 냉철하고 지혜롭게 상황에 대처할 수 있게 되었다. 오히려 자신의 상처를 활용하여 학생들에게 안전의식을 고취하고 수업을 더욱 효율적으로 진행할 수 있게 되었다. 정말 쉽지 않은 상황이었는데, 멋지게 해낸 이 사례의 주인공에게 감탄과 지지를 보내고 싶다. Part 1의 '생각에 대한 러블리 어텐션' 참조.

from.

7. 자퇴를
통보하러 온 학생

자퇴를 통보하기 위해 학교에 온 아이와 상담을 했다.

아이의 가슴 아픈 상황과 마음의 상처를 들으며 나도 모르게 자퇴를 생각하는 아이의 입장을 이해하고 있었다. 그 아이를 보며, 지난날 나 또한 겪었던 그런 시간을 떠올렸다.

아이에게서 내 모습이 보이자 난 아이를 설득하고자 매달리기 시작했다. 순간, 아이의 눈빛이 달라지고 나를 경계하며 대화하는 것을 꺼려 했다.

그 순간, 알아차렸고 문제의 소유를 가리기 시작했다.

그래...
나의 문제가 아니야...
아이에게
나를 투영해서
강요하면 안 돼.

이내, 마음을 가라앉히고 아이에게 자퇴 후 계획에 대해서 물었다. 아이는 한참을 듣고 호응해 주었다.

사회에 빨리 나가서 동생 뒷바라지를 하고 싶어요.

아이는 동생이 같은 상황이 되면 말리겠다며 눈물을 흘렸다.

그래, 그런데 동생도 너와 같은 상황이 되면 어쩌지?

그 아이의 마음이 따뜻하게 전해져 왔고
흥분했던 나의 마음도 그 눈물에 잠겨 평안해졌다.

교사생활을 하다 보면 학생의 문제를 교사가 함께 소유하게 되는 문제의 전이 현상에 종종 빠지게 된다. 그렇게 되면 감정의 홍수에 빠진 학생을 위해 감정의 물을 빼 줘야 하는 교사가 오히려 감정의 물을 더 퍼붓게 될 수도 있다. 또한 교사가 효율적으로 학생들을 도와줄 수 없을 뿐만 아니라, 때로는 상황을 더욱 악화시키는 결과를 초래하게 된다.

이 사례의 주인공 교사도 문제의 전이에 빠져 상황을 더욱 어렵게 만들 뻔하였다. 그러나 순간의 알아차림으로 냉정을 되찾고 지혜롭게 대처를 할 수 있게 되었다. 비록 그 학생의 자퇴 의지를 당장 변화시키지 못했을 수도 있겠지만, 학생이 자신을 객관적으로 성찰할 기회를 제공해 주었다. 그리고 그 학생으로 하여금 언제라도 따뜻하고 지혜롭게 대해 준 그 선생님을 떠올리면 힘과 용기를 갖게 해 주었을 것이라 예상을 한다. Part 1의 '전두엽의 느낌 알아차림' 참조.

8. 학교폭력으로 걸려 온 학부모의 전화

불편한 마음을 알아차리고 그 기운이 가슴 한가운데로
올라오고 있는 것을 가만히 지켜보고 머물러 보았다.

이렇게 마음을 다스리고 있었다.

그래... 사실
먼저 때린 건
우리 반 아이지.
같이 화내면
득 될 것이 없어.
다 들어 주고 나중에
할 말을 하자.

학교폭력은 매우 민감한 사안이다. 최근들어 더 그렇다. 이 사례에서 학생들의 다툼으로 인해 피해를 입은 학생의 어머니 입장이 충분히 이해되고 공감이 된다. 그래서 주인공 교사도 미안한 마음과 함께 충분히 경청하고자 하였을 것이다. 물론 교사의 입장에서 할 말이 많을 수가 있다.

하지만 이때 즉각적으로 그 학부모에게 그런 말을 하는 것은 오히려 분노 감정을 더 크게 만들 위험이 있다. 다행히 교사가 그 순간 자신의 불편한 마음을 알아차리고 머물러 줌으로써 합리적으로 반응하게 되었다. 자칫하면 더 큰 문제가 될 수도 있는 상황이었지만, 주인공이 자신의 마음을 알아차림으로써 문제 상황에 적절히 대처할 수 있었을 것이다.

from.

9. 싸우고 고자질하는 아이들

학교 복도에 들어서니 우리 반 교실에서 시끌벅적한 소리가 들렸다.

아침에 오면 독서하고 있으라고 했건만….

5-A

~응성 앵
~시끌 시끌

생각은 이렇게 했지만 내 마음을 알아차린 덕에 불편하지 않았다.

알아차리기~
알아차리기~
OK!!

그런데 아이들이 나를 보자마자 서로 싸운 이야기를 했다.

선생님~!!!!

나에게로 몰려드는 아이들을 보면서 마음이 조금 불편해지는 것을 알았지만, 싸운 아이들이 서로가 잘못했다며 마구 고자질을 하는 것을 보니 마침내 화가 났다.

나는 마음을 알아차렸으니 불편하지 않다고 스스로 생각했지만, 사실은 은근히 감정이 계속 올라오고 있었던 것이다.

알아차림 또는 문제소유 가리기는 참는 것이 아니다. 억압하게 되면, 오히려 나중에 감정이 더 팽창하게 되어 폭발하게 될 위험이 커진다. 이 사례에서도 주인공 교사는 마음속으로 거듭 '알아차리기'를 자신에게 주문하면서 참고 있었던 것이다. 그래서 나중에는 학생들을 향해 감정을 폭발하게 되었다.

자각을 한다고 해서 원하는 대로 다 되는 것은 아니다. 이 사례에서도 주인공 교사가 자신이 할 수 있는 자각 능력 이상으로 스트레스가 커졌기 때문에 결국 화를 내게 된 것으로 보인다. 이론 부분에서 언급한 것처럼 자각의 수준은 100단계도 넘을 것이다. 노력을 통해 자각의 수준을 높이는 만큼 스트레스 상황에 여유롭고 지혜롭게 대처할 수 있다. 때때로 화를 낸 이후에라도 자각을 한다면, 스스로를 돌보고 나아가 관계도 합리적으로 돌볼 수 있게 되고, 이어서 문제에도 합리적으로 대처하게 되리라 믿는다.

Chapter 14

군인들의 러블리 어텐션

1. 축구장에서
선후임의 마찰

축구가 끝난 후, 먼저 비난을 했었던 선임 병사가 사과를 했던 후임 병사에게 사과하고, 후임 병사도 화기애애하게 반응을 한다.

우리 속담에 '가는 말이 고와야 오는 말이 곱다.' '웃는 얼굴에 침 뱉으랴.'라는 말이 있다. 이 사례에서 주인공인 후임 병사가 선임 병사의 힐책하는 말에 웃으면서 호의적으로 반응을 하니, 나중에는 선임 병사도 스스로 사과를 하면서 호의적인 반응을 보이게 되었다. 주인공이 그렇게 반응을 할 수 있게 된 것은 감정자각, 즉 '문제소유 가리기'를 하여 감정의 우선멈춤을 하게 됨으로써 가능하게 되었다. 만약 그 순간 자각을 하지 못하였다면, 감정적으로 반응을 하였을 것이고, 나중에는 두 사람 모두 감정의 홍수상태에 빠져 스트레스 상태로 계속 운동시합을 하다가 더 큰 문제를 야기했을 수도 있을 것이다. 그 순간 알아차림이 쉽지 않았을 텐데 정말 다행스럽게 멋지게 해내었다. Part 1의 '전두엽의 느낌 알아차림' 참조.

2. 정기 평가에 대한
분대장의 경고

바로 생각을 정리하는 병장.

끙!

내가 지금까지 이렇게 매번 미리 걱정을 하고 후임들까지 힘들게 만들어 왔었구나. 무조건 뭐라 한다고 될 일이 아니지.

얼굴표정이 편안해진 병장이 병사들에게 말하자, 병사들도 웃는 얼굴로 동시에 같은 대답을 한다.

잠시 나에게 그분이 오셨다 갔다.

우리들도 다녀갔습니다.

병장은 밝은 분위기 속에 사기를 북돋운다.

그래. 이번에 다들 열심히 해서 포상휴가 한번 가 보자!!

예, 알겠습니다~!!

"찰나 자각이 찰나 평화와 찰나 지혜를 가져다준다."라는 원리가 이 사례에서도 마찬가지로 적용이 되었다. 주인공은 분대장으로서 자신의 책무를 다하고, 나아가 정기 평가에서 좋은 성적을 거두고 싶었을 것이다. 그러나 마음이 너무 앞선 나머지 위협적인 방법으로 표현함으로써, 공포 분위기를 조성하게 되고 부하 병사들에게 자칫하면 거부감을 느끼게 할 뻔하였다. 만약 그러한 방식으로 지시를 계속하였다면, 오히려 부하 병사들로부터 심리적인 반발심을 불러일으켜 분대 내의 소통이 원활하지 못하게 되고, 병사들의 사기를 저하하는 원인이 되었을 것이며, 결과적으로 정기 평가에도 제대로 대비하지 못하게 되었을 가능성이 크다. 그런데 주인공인 분대장은 찰나 자각을 통해 자신의 불편한 마음과 표정을 통찰하게 됨으로써, 먼저 스스로를 편안하게 만들고, 분대 병사들과도 개방적이고 긍정적인 소통을 통해 근무의욕을 더욱 고취할 수 있게 되었다. 이렇듯 알아차림 유무에 따라 그 결과는 천지 차이가 될 수 있다. Part 1의 '전두엽의 느낌 알아차림' 참조.

from.

3. 동기와의
TV 리모컨 다툼

그 뒤로 종종 동기와 다툼을 할 때마다 서로
'그분이 오셨네.'라고 떠올리고, 서로 피식 웃으며
넘어가곤 한다.

　　사소한 문제가 큰 문제를 만든다. 그런데 우리는 종종 자신의 사소한 감정을 놓치고 큰 문제를 만든 다음에야, 비로소 감정의 홍수 상태에 휩싸인 자신을 발견하고 후회하곤 하는 일을 반복한다. 지혜로운 사람은 자신의 사소한 감정을 잘 알아차리고 대처할 줄 아는 사람이다.

　　이 사례에서 주인공은 TV 리모컨을 차지하는 문제로 동기와 갈등을 일으킬 뻔하였다. 이렇게 사소한 일이 나중에 큰일을 만들 수도 있다. 그런데 앞에서의 사례들과 마찬가지로 찰나 자각이 찰나 평화와 지혜를 가져다주었다. 나아가 '그분이 오셨네.'라는 자각 방식을 동기와 함께 공유함으로써, 즐겁고 건전한 병영생활을 계속 유지할 수 있게 되었다니 정말 반가운 일이다.

4. 자각이 가져온
병영생활 변화

'그분이 오셨네.' 자각을 배운 이후로 나의 병영생활을 되돌아보니~.

긁적

헤헤

우아~. 내 병영생활이 정말 많이 달라졌네.

매일 아침 눈 뜨자마자 일어나 옷을 입으며, 많은 생각들이 스트레스로 다가와 얼굴이 찡그려졌었는데

아우~

오늘 일과는 또 어떻게 버티나....

아..., 졸려. 점호 받기 싫다.

짜증 나....

자각을 하면서 창문을 열고 밖을 보며 밝은 얼굴로 기분 좋게 아침을 맞이하게 되었다.

쩍쩍

끼익 끼익

드륵

내가 스트레스를 받고 있구나. 그러면 나만 손해야!!

매일 귀찮아서 대충 하던 체조도 온몸을 쭉쭉 펴며 열심히 하게 되어 개운하고 좋았고, 아침밥도 더욱 맛있어졌다.

귀찮아

하나 둘

쓰봐

좋다....

자각을 실천한 이후, 주변 동료들과의 관계도 좋아지고, 기분 나빠진 적이 한 번도 없었다.

그러니 여유가 생기고 후임들을 많이 챙겨 줄 수 있게 되고 '그분이 오셨네.'에 대해 조언도 해 주게 되고.

앞으로 어떤 문제가 와도 이겨 낼 수 있을 것 같아! 군대에서 심각하게 스트레스 받을 일도 없을 것 같고…. 내 자신이 뿌듯하고 대견하다.

자각을 하게 되면, 자동적 부정사고ANT가 자동적 긍정사고APT로 변화된다는 이야기를 앞의 이론 부분에서 거듭 제시히였다. 즉, 사각을 하면 할수록 생각을 긍정적으로 하게 되는 셈이다. 자각은 스트레스 상황을 이겨 낼 수 있는 자아탄력성도 높여 주는 효과도 있다. 이처럼 여러 연구에서는 자각의 효과로 긍정적인 사고와 관계증진 및 자존감 향상을 보고해 주고 있다. Part 1의 '생각을 생각으로 보기' 참조.

이 사례에서 주인공 병사는 회상을 통해 그러한 자각의 효과를 잘 보여 주고 있다. 예전에는 마지못해 실행하였던 아침점호와 체조를 적극적으로 하고, 동료와의 관계도 좋아지고, 후임들에게 좋은 선임으로서 해야 할 역할을 하는 등 병영생활을 긍정적으로 하게 되었으며, 그러한 자기 자신을 대견스럽게 여기게 되었다. 이렇게 자각의 교범처럼 병영생활에서 훌륭하게 자각을 활용한 이 병사가 자랑스럽다.

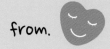

from.

5. 자각으로
분노 다스리기

나는 원래 화를 쉽게 내고 후회하는 성격이다.

화를 내고 돌아서며 항상 후회를 한다.

화를 내지 않아도 되는 일인데…. 고치고 싶은데 방법이 없을까?

그러던 중 '그분이 오셨네'라는 교육을 받게 되었고,

과연 저렇게 될까?!

생각 자각하기
그분이 오셨네

그런데 어느 날 후임에게 화가 났을 때, 화가 난 것을 자각하고 심호흡을 크게 하며, 스스로 자문하고 화를 멈추게 되었다.

이게 화를 낼 일인가?

희망을 갖게 되었다.

맨 처음 군 생활을 하면서 후임에게 정말 잘해 주는 선임이 되어야지 생각했었는데…. 이 자각훈련이 바로 그 방법일 수 있겠네!

하핫 ~♪ 그래!

아침에 일어나자 신체 긴장이완훈련을, 일과 중에는 호흡자각훈련을 매일 하면서 스스로 몸과 마음이 맑아지는 경험을 하게 되었다.

예전에는 후임에게 화부터 내었을 텐데, 이제는 화를 잘 내지 않고 너그럽게 대하게 되면서 군 생활이 뿌듯하다.

생활관 안에서 동기들에게도 마찬가지로 화를 내기 직전에 알아차리고 심호흡을 3~4번 하면서 화를 가라앉히게 되었다.

앞으로의 생활을 상상만 해도 무척 즐거워진다.

이 사례에서 주인공 병사는 자신의 '분노조절'이라는 분명한 목표를 설정하고, 일상에서 신체 긴장이완과 호흡자각 훈련을 꾸준히 실행하였다. 그 결과, 병영생활에서 성공적으로 자신의 분노를 다스릴 수 있게 되었을 뿐만 아니라, 사회생활에서도 분노를 조절할 자신감이 생겼음을 보고하고 있다.

목표는 분명할수록 달성하기가 용이하다. 그리고 신체자각은 한 번에 많이 하는 것보다 여러 번으로 나누어 짧게 자주 지속적으로 하는 것이 효과적이다. 사실, 이렇게 자신의 분노를 조절하기는 정말 어려우며, 특히, 어린 시절부터 몸에 밴 습관이라면 더더욱 고치기 힘들다. 그러나 분명한 목표설정과 지속적인 자각훈련 노력을 통해 분노습관이 변화될 수 있음을 주인공 병사는 잘 보여 주고 있다.

Part 1의 '몸 알아차림' 참조.

6. 청소 불량에 대한
간부의 대처

　　자신이 내린 업무지시를 부하들이 제대로 수행하지 않았을 때, 화가 나는 것은 군 간부들도 마찬가지일 것이다. 그렇게 화가 난 상태에서 화를 퍼붓게 되면, 당장은 효과가 있는 것으로 보이겠지만, 바람직하지 못한 감정의 확산으로 자신과 조직 전체에 악영향을 미치게 될 위험이 커진다.

　　그런데 이 사례의 주인공인 간부는 몸과 느낌 알아차림을 동시에 실행함으로써 냉정과 지혜를 유지하게 되었다. 그리하여 부하들에게 업무지시를 한 번 더 명확히 내리는 것으로 분노를 대신하였다. 병사들과 마찬가지로 간부들도 자각실행 여부에 따라 이렇게 결과가 다르게 된다.

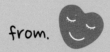

from.

7. 교대 인원 투입에 대한
간부의 불만

그 느낌을 알게 되자 스스로에게 어이없고
소대원에게 미안해졌다.

화를 별로 잘 내지 않는다고 스스로 생각했었는데, 평소
내가 얼마나 화를 내고 있었는지 새삼 깨달을 수 있는
기회였다.

"순간 자각은 순간 평화와 지혜를 가져온다."라는 말을 다시 한 번 확인할 수 있는 좋은 사례이다. 문제소유를 하였을 때, 적시에 자각하게 된 것도 다행스러운 점이다. 나아가 자신의 감정적인 반응 행동을 통찰하는 기회도 얻었다. 이처럼 병영생활에서 1명의 간부가 자각으로 인해 얻게 되는 변화는 부대 전체에 상당한 파급효과를 가져오게 된다.

8. 중대원들의 이성문제로 인한
분노 다스리기

우리 중대에는 갖가지 이성문제를 만드는 병사들이 많다. 그중 한 병사의 여자 친구가 또 임신을 했다는 소식을 들었다. 분명히 병사들을 모아 놓고 올바른 이성관계와 성 인식에 대해 교육했는데 또 이런 문제가 발생하다니 이해할 수가 없었다.

해당 병사의 얼굴이 떠오르면서 미워지고 화가 나기 시작했다. 괜히 행정실의 다른 병사들에게 짜증을 내었다.

우리 중대에는 왜 이리 문제가 많아!!?

그때, "아…. 이 순간이 그분이 오신 그 상황이구나!"라는 깨달음이 왔다.

순간 알아차림을 함으로써, 주인공인 간부는 우선 자신의 생각과 욕구를 객관적으로 통찰할 수 있게 되었다. '중대원들이 내 말들을 우습게 여기고 무시했구나.' '나를 믿고 계신 대대장님과 중대장님께 실망을 안겨 드렸구나.'는 생각의 통찰이며, '중대원들에게 올바른 행정보급관으로 인정받고 싶구나.'라는 욕구의 통찰이다. 통찰을 하는 수준만큼 그것들에서 벗어나 객관적이고 지혜롭게 대처할 수 있게 된다. 그리하여 주인공인 간부가 자신의 감정에서 벗어나, 오히려 해당 병사를 다독거려 주는 대처 행동을 하게 된 것이다. Part 1 의 '생각을 생각으로 보기' 참조.

간부가 감정자각뿐만 아니라 생각 알아차림을 통해 자신의 마음과 행동을 다스린 좋은 예를 이 사례에서 보여 주고 있다. 특히 부하 병사들이 문제 상황을 반복적으로 발생시킴으로 인해 분노감정이 가득 차 있는 상태에서, 주인공인 간부가 순간 자각을 실행하여 감정의 홍수상태에서 벗어날 수 있게 된 부분은 정말 감탄스럽게 여겨진다.

from.

9. 병사의 돌출 행동 다루기

그때부터 해당 병사는 눈물을 흘리며 울었다.

예전부터 선임들이
나를 놀리고, 투명인간 취급을
했습니다. 이 부대에서 나를
이해해 주고 지지해 주는 사람은
아무도 없습니다….
너무나 외롭습니다….

엉엉

나는 그동안 조상병의 이야기를 진심으로 들어 주고 지지해
주는 사람이 없었다는 것을 느꼈다. 처음 분노의 마음과는
다르게 내가 울고 있는 병사의 지지자가 되어 주기로 마음
먹었다. 그리고 조상병의 어깨를 토닥이며 귀를 기울여
진심으로 그의 말을 들어주었다.

엉엉

자각을 함으로써, 감정이 이성을 지배함을 스스로 깨닫게
되면 오늘과 같은 긍정적인 결과를 가져올 수 있다는 것을
알게 되었다.

　　자신의 생각과 기대에 빠져 있는 사람을 '상자 속의 사람'이라고 하고, 생각과 기대에서 벗어나 자기 모습을 볼 줄 아는 사람을 '상자 밖의 사람'이라고 칭한다. 이 사례에서 주인공과 조 상병은 각자의 상자 속에 빠져 문제를 소유하고 있는 셈이다. 사실, 이렇게 자신의 생각과 기대에서 빠져 있는 경우, 거기에서 나오기는 정말 쉽지가 않다. Part 1의 '자동적인 부정적 사고' 참조.

　　그런데 주인공은 순간 자각을 통해 상자 밖으로 나올 수 있게 되었다. 상자 밖으로 나옴으로써, 마음의 여유를 갖고 상황을 객관적으로 파악할 수 있게 되었다. 그리하여 문제 행동을 일으킨 병사를 비난하거나 질책하는 대신, 그 순간 가장 적절하게 판단되는 행동으로서 병사의 지지자가 되어 주게 된 것이다. 덕분에 주인공인 간부가 오랫동안 홀로 힘들었던 병사를 위로하고, 그 병사의 조력자가 되어 줌으로써, 건강한 병영생활을 만드는 데 일조하게 된 멋진 사례이다.

10. 아내와의
통화 유감

바닷가에서 파도는 치기 마련이다. 그리고 파도는 한 번만 지는 게 아니라 지속적으로 온다. 마찬가지로 우리 인생의 파도 역시 치기 마련이며, 지속적으로 온다. 그렇게 계속 밀려오는 인생의 파도를 완전히 없앨 수는 없다. 다만, 우리가 할 수 있는 것은 파도 타는 법을 배워 파도가 밀려왔을 때 그 파도를 타서 넘어가는 일이다.

이 사례에서 주인공은 장기 출장을 마치고 돌아가는 길에 도로가 막히고, 배가 고프고 외로운 상황에 부닥쳐 있었다. 이렇게 심신이 힘든 상황에서 문제를 소유하게 되면 빠져나오기가 쉽지 않다. 그런데 아내와의 통화에서 반복적으로 문제를 소유하게 되는 상황에 처했음에도 불구하고, 주인공은 그때마다 자각의 끈을 놓치지 않음으로써, 거듭 치는 파도를 무사히 타고 즐거운 마음으로 가족을 대하게 되었다. 주인공의 노력과 집중력이 감탄스러울 정도이다. 군 간부로서 이러한 능력의 소유자라면, 자각의 힘으로 부하 장병들을 멋지게 통솔하리라 기대한다.

Chapter 15

기쁨 알아차림

1. 일상의
행복

회사 가기 전날 엄마에게 아침에 깨워 달라고 부탁을 했다. 다음 날, 눈을 떴을 때 일어날 시간이 지난 상태였다.

당황한 마음에 안방을 보니 엄마는 곤히 주무시고 계셨다. 피곤하신 듯 주무시는 모습을 보니 오히려 죄송한 마음이 들었다.

피곤하실 텐데....

잠시 후 일어나신 엄마는 허겁지겁 아침으로 토스트를 만들어 주셨다. 아침에 빵이 잘 안 넘어 가긴 하지만 엄마에 대한 미안함과 고마움에 감사의 인사를 하며 집을 나섰다.

다녀와!

다녀올게요~~.

예전에는 가족이라는 존재가 이렇게 큰 힘이 되는 소중한 존재인지 몰랐다. 오히려 집에 있는 게 싫었던 나였는데 혼자 지냈던 시간이 나를 바꾼 듯하다.

이 사례의 주인공은 우리들이 흔히 너무나 당연하게 여겼을 법한 일상의 일에 대해서 새삼 기쁨을 느끼고 감사하고 있다. 자신의 기쁨과 감사 행동이 부모님에게도 영향을 미쳐 가족 모두 기쁨 알아차림을 다 같이 실천하고 있는 듯하다. 그리고 기쁨은 아픔을 치유하는 힘이 있다. 이 사례의 주인공이 기대하고 있는 것처럼, 어떤 경우에는 고통을 알아차리기보다 기쁨을 알아차리는 것이 더욱 효율적으로 마음의 상처를 치유해 주기도 한다. Part 1의 '기쁨 알아차림' 참조.

2. 범사에 감사로
스트레스 다스리기

아침에 출근을 하기 위해 눈을 떴다.

무사히 눈을 뜬 것도 감사해야 할 일이다.
밤새 도둑이 들지 않은 것도 감사하다.

건강에 문제없이 일어난 것도 감사하고,
지각하지 않게 일찍 일어난 것도 감사하다.

음~ 여유롭네.

평소에는 운전하며 막히는 차에, 끼어드는 차에
스트레스를 받지만, 교통사고 없이 무사히 도착한 것이
감사하다.

빵빵!   빵!

정신없이 바쁜 업무로 힘들 땐 그만두고도 싶지만,
요즘 같은 청년실업 시대에 직장에 다니는 것이 얼마나
감사한 일인지….

컴퓨터를 켜고 모닝커피를 한잔하고 메신저에서
사람들과 안부 인사를 나누었다.
이 얼마나 소소한 행복이고
기쁨인가!

퇴근 후 가족에게 줄 쿠키를 굽는다. 내가 만든 쿠키를
맛있게 먹으며 행복해하는 가족들이 떠올라 만드는
내내 기쁨이 가득했다.

기쁨 알아차림을 한 날에는 어지간한 일에는 스트레스
받지 않고 화도 나지 않는다. 하루를 흐뭇한 미소로
보낼 수 있다.

나는 정말
행복한 사람이구나.

이 사례의 주인공은 너무나 당연한 일상의 일에 대해 기뻐하고 감사하는 삶을 살아가고 있다. 당연하게 여겨지는 일들에 대한 기쁨을 알아차리게 되면, 그 당연하였던 일들이 결코 당연하지 않으며, 너무나 감사한 일이라는 사실을 깨닫게 된다. 말 그대로 '범사에 감사'가 자연스럽게 된다. 그래서 일상이 기쁨이요, 감사한 일이 된다. 나아가 이러한 사람은 주위 사람에게 기쁨을 베풀 줄 아는 사람이 된다.

그리고 기쁨 알아차림은 역경을 극복하는 회복탄력성을 강화해 주며, 이와 함께 하게 되는 감사는 더욱더 회복탄력성을 강화해 준다. 따라서 기쁨 알아차림을 꾸준히 하는 사람은 스트레스를 별로 받지 않거나 쉽게 이겨 낼 수 있는 힘을 갖게 된다.

from.

3. 수용과 감사의
알아차림

알아차림으로 인해… 내 감정을 위장하는 일이 줄었다.
내 감정에 솔직해짐으로써 스트레스를 덜 받게 되었다.

내 감정을 두려워하거나 내가 느끼는 부정적인 감정을
억제하려고 애쓰지 않고 차분히 바라볼 수 있다.

분노   놀람   슬픔

스트레스로 인하여 나의 심신이 잠식당하지 않게
스트레스를 잘 관리함으로써 행복하다.

스트레스

나 자신을 너무 심하게 몰아세우지 않고 나의 욕구를 인정하며 나 자신을 사랑하기 시작했다.

괜찮아. 이게 나인걸~.

다른 사람을 이해하는 수용의 폭이 넓어지고 상대의 입장에서 상대를 헤아리는 것을 배웠다. 사람들과 효과적으로 의사소통하고 갈등을 회피하지 않고 문제를 해결한다.

내가 저 사람 이라면….

작은 생각의 전환으로 감정이 쉽게 달라짐을 깨달았다. 미세하게 기쁨을 알아차리니 행복한 마음이 저절로 따라오고 기쁨과 감사, 평안이 내 마음에 깃들기 시작했다.

감사
기쁨 행복 평안

자각알아차림을 하면 할수록 점점 더 인간의 선한 마음을 믿게 된다. 자각을 통해 자신과 타인의 마음을 자세히 관찰하다 보면, '누구나 다 잘하고 싶지. 잘못하고 싶은 사람은 아무도 없어.' '상대도 나름 열심히 노력한 거야.' '나도 괜찮은 사람이야.' 등의 생각들이 서서히 자신의 신념으로 자리를 잡기 시작한다. 그래서 진정한 자신의 마음을 알아차리고 나면 자신을 수용하게 되고, 타인에게 잘 보이기 위해 포장을 했던 가면을 굳이 쓸 필요가 없다는 생각을 하게 되기도 한다.

그리고 자기 자신과 타인을 이해하고 받아들이는 수용의 폭이 더욱 넓어지게 되고, 서로 배려하고 효율적으로 소통하여 갈등을 최소화하게 된다. 이렇게 하여 삶의 여유가 생기니, 예전에 큰 문제가 될 일들이 이제 별일이 아닐 정도로 수월하게 다루어지고, 미세한 기쁨들이 가슴에 와닿아 행복과 감사를 느끼게 되기도 한다. 이처럼 자각은 이해, 수용, 배려, 여유, 기쁨, 행복 그리고 감사의 경험으로 연결되기도 한다. Part 1의 '기쁨 알아차림' 참조.

'왜 사람들은 서로 아껴주며 사이좋게 지내지 못할까?' 어린 시절에 가졌던 의문이다. 그리고 성인이 되어서 그 질문이 '어떻게 하면 좋은 아빠가 되는 걸까?'로 조금 더 구체화되었다. 그러기 위해서는 먼저 좋은 남편이 되어야 하고, 그보다 먼저 좋은 인격체가 되어야 함을 깨달았다. 멋진 인격체로서, 좋은 남편으로서, 좋은 부부관계를 이루고, 멋진 아빠가 되려는 꿈은 지금도 현재진행형이다.

고3 때, 아버지에게 사회사업학과 진학 이야기를 했었다. "엉뚱한 소리 말고 경영학과 가!" 그 당시, 아버지의 말씀은 법이었다. 경영학과에서 제자리를 찾지 못하고 방황을 하다, 군 제대 후 우연히 교육학을 발견하고 가뭄에 단비를 만난 듯 반가웠다. 대학교 4학년 때, 교육학 담당 교수님께 진로상담을 받던 중 비로소 상담학이라는 학문이 있다는 걸 알게 되었다. 그전까지는 옛 마을의 원로처럼 사회적으로 성공하고 인격이 고매하여 존경을 받게 되면 상담을 하게 되는 줄로 알았다.

1988년부터 대학원에서 상담학을 전공했다. 특히, 집단상담 및 발달상담 경험을 많이 쌓았다. 당시에 참여하였던 감수성훈련 집단상담의 경험은 강원도에서 군인의 아들로 태어나 경상도에서 자란 필자에게 상당한 문화적 충격을 주었다. 그 덕분에 '자신과 타인의 감정에 항상 깨어있기'가 삶의 주요 목표가 되었다.

다양한 상담 활동을 통해 많은 사람을 접하면서 사람들의 문제가 대부분 가족과 관련되어 있음을 깨닫게 되었다. 성장기 가족관계에서 현재의 문제가 발단되었거나, 지금 현재의 가족관계가 원만하지 않아 문제를 소유하게 되는 경우가 대부분인 것으로 보였다. 대학원 졸업 이후, 가족상담학으로 유학하려던 소망은 건강 문제로 좌절이 되었고, 가족상담센터를 열었지만 누구의 말대로 '맨땅에 헤딩'이었다. 한동안 시련의 세월을 보내던 중, 몸과 마음 상태를 알아차리는 방식을 접하게 되었다. 지친 심신이 자연스럽게 치유되는 경험을 하였고, 생활에서 자신의 심신상태를 놓치지 않고 알아차리는 것이 삶의 복표가 되었다. 나아가 상담학과 알아차림을 접목할 수 있는 학문을 수학하고 연구하면서, 묵혀 두었던 어린 시절의 의문과 성인 시기의 꿈을 동시에 해결하는 길을 밟아 온 것 같다. 이러한 노력의 결과가 '자각기반 Self-인지치료' 상담모형이다. '자각기반 Self-인지치료' 상담모형은 몸과 마음의 상태를 적절히 알아차리고 관심을 주는 방식에 근거하여 스스로 자신의 감정과 생각을 다스리고, 그 힘으로 지혜롭게 갈등과 문제를 해결하는 자기치유상담이다. 이 책은 예방 및 발달상담 차원에서 '자각기반 Self-인지치료' 상담모형을 일반인이 평소 생활에서 활용하도록 돕고자 저술되었다. 경영학에서 교육학으로, 교육학에서 상담학으로, 상담학에서도 가족상담학으로, 가족상담학에서 가족구성원 각 개개인의 성장과 변화를 지향하는 '자각기반 Self-인지치료' 상담모형에 이르기까지 보이지 않는 길을 더듬어 가면서 자신의 꿈을 찾아왔다. 이러한 여정을 걸어온 자신에게 "애썼다. 정말 애썼다."라고 쓰담쓰담 러블리 어텐션을 보낸다.

필자로부터 '자각기반 Self-인지치료' 상담모형을 배우고, 경험을 나누어 준 제자들과 교육생들에게도 감사를 전하고 싶다. 특히, 평택대학교 상담대학원과 일반대학원의 상담학과 석·박사 과정의 재학생·졸업생들 및 예전 교육대학원 상담전공 졸업생들에게 감사를 전한다. 뿐만 아니라, 자각기반상담 워크숍과 교육에 참석하였던 모든 교육생에게도 감사의 마음을 전한다. 이들과 경험을 나누고 질문을 공유하는 과정에서 필자가 배운 것이 많으니 오히려 마음의 빚을 진 셈이다. 또한 필자가 운영하는 온라인 카페에 글을 올려 자신의 경험을 나누어준 분들에게 감사를 전하고 싶다. 이상의 분들이 알아차림 경험을 함께 나눠 줌으로써 필자의 공부가 깊어졌고, 지속적으로 관련 연구를 진행해 올 수 있었으며, 책에 등장하는 다양한 경험담과 사례의 직·간접적인 원천이 되어주었기에 이렇게 책을 출판할 수 있게 되었음이 분명하다. 다시 한번 필자의 마음을 담아 깊은 감사를 전한다.

옆에서 항상 지지와 평안을 보내주고 있는 아내 오명신에게도 감사와 사랑의 마음을 전한다. 정말 어려운 시기를 거치면서도 남편에게 원망 한 번 하지 않았던 아내에게 감사와 감탄을 표한다. 힘든 단계를 거치면서 멋지게 성장하고 있는 두 아들에게 고마움을 전한다. 그리고 내 평생 최고의 지지자이신 어머니에게 깊은 감사와 존경을 표하고 싶다.

수년간 함께 고민하며 삽화와 만화를 제작하고, 때로는 귀한 조언까지 아끼지 않은 김혜원 작가에게 감사를 전한다. 그보다 더 이전부터 관련 자료를 정리하여 문서와 만화로 만드는 데 많은 도움을 주었던 한아름 선생의 헌신이 새삼 고맙다. 그리고 여러 방면으로 힘이 되어주는 신애자 박사, 지금도 자각워크숍 진행을 도와주고 있는 이은희 선생, 자각을 인생 최고의 은혜로 여기는 허선희 선생 등, 여러 제자에게도 감사를 전한다.

이 책의 출판을 허락해 주신 학지사의 김진환 사장님과 필자에게 학지사와의 인연을 만들어 준 한승희 부장님께 감사드린다. 그리고 이 책이 출판되기까지 꼼꼼하고 자상하게 챙겨 주시고, 편집과 출판에 많은 공헌을 해 주신 편집자 김은지 씨를 비롯하여 학지사의 모든 분께 감사드린다.

필자가 주관하고 있는 모임의 수칙 1번은 '나부터 행복하자.'이다. 2번은 '우리끼리 잘 지내자.' 3번은 '세상 모든 사람의 행복을 위하여!'이다. 필자가 어린 시절과 성인 시기에 가졌던 의문과 꿈 또한 이러한 원칙을 잘 따르면 이뤄지리라 본다. 그 구체적인 실행방안이 '태동을 느끼듯, 사랑과 관심을 기울여 주는 러블리 어텐션'이다. 동양의 알아차림 방식을 사람들이 보다 쉽고 재미있게 배울 수 있도록 노력해 온 결과이다. '러블리 어텐션'은 자기치유이다. 처음에는 머리로, 서서히 가슴으로, 나중에는 온몸으로 익히고 실천하는 단계를 거치게 될 것이다. 그리하여 우리나라 전 국민이 '러블리 어텐션'을 하게 되고, 나아가 전 인류가 '러블리 어텐션'을 하게 되는 게 필자의 비전이다.

Chapter 1

1. 박문호(2013). 그림으로 읽는 뇌과학의 모든 것. 서울: 휴머니스트.

2. Hanson, R., & Mendius, R. (2012). 붓다브레인(*Buddha's Brain*). (장현갑, 장주영 공역). 서울: 불
   광출판사. (원저는 2009년에 출판).

3. Hanson, R., & Mendius, R. (2012). 붓다브레인(*Buddha's Brain*). (장현갑, 장주영 공역). 서울: 불
   광출판사. (원저는 2009년에 출판).

4. Buddhapāla (2006). Buddha 수행법. 부산: 무량수.

5. 박문호(2013). 그림으로 읽는 뇌과학의 모든 것. 서울: 휴머니스트.

6. Buddhapāla (2006). Buddha 수행법. 부산: 무량수.

7. Buddhapāla (2006). Buddha 수행법. 부산: 무량수.

8. Freud. S. (1949). *An outline of psychoanalysis*. New York: Norton.

9. Rogers, C. R., & Truax, C. B. (1967). The therapeutic conditions antecedent to change: A
   theoretical view. In C. R. Rogers(Ed.), *The therapeutic relationship and its impact*(pp. 97–108).
   Madison, WI: University of Wisconsin Press.

10. Perls, F. S. (1976). Gestalt therapy: Reflection, introjection, and projection. In C. Hatcher & P.
    Himelstein(Eds.), *The handbook of gestalt therapy*(pp. 81–167). New York: Jason Aronson.

11. Padesky, C. (1994). Developing cognitive therapist competency: teaching and supervision

models. In P. Salkovskis (Ed.), *The frontiers of cognitive therapy*(pp. 266-92). New York: Guilford Press.

12. 김용수(2014). 알아차림 프로그램이 초등 교사들의 상위인지자각과 수용행동에 미치는 효과. 상담학연구, 15(2), 811-830.

Chapter 2

1. Hanson, R., & Mendius, R. (2012). 붓다브레인(*Buddha's Brain*). (장현갑, 장주영 공역). 서울: 불광출판사. (원저는 2009년에 출판).

2. Hanson, R., & Mendius, R. (2012). 붓다브레인(*Buddha's Brain*). (장현갑, 장주영 공역). 서울: 불광출판사. (원저는 2009년에 출판).

3. Fontana, D. & Slack, I.(1998). *Teaching meditation to children : a practical guide to the use and benefits of meditation techniques*. Shaftesbury, Dorset ; Rockport, Mass. : Element.

4. Fontana, D. & Slack, I.(1998). *Teaching meditation to children : a practical guide to the use and benefits of meditation techniques*. Shaftesbury, Dorset ; Rockport, Mass. : Element.

5. Hayes, S. C. & Smith, S. (2005). 마음에서 빠져나와 삶 속으로 들어가라. (*Get Out of Your Mind & Into Your Life*). (문현미, 민병배 공역). 서울: 학지사. (원저는 2010년에 출판).

6. http://cafe.daum.net/awareness0 다음카페 '김용수교수의 자각기반상담'

Chapter 3

1. 박문호(2013). 그림으로 읽는 뇌과학의 모든 것. 서울: 휴머니스트.

2. 뉴턴코리아 편집부(2012). Newton Hilight: 뇌와 마음의 구조. 서울: 뉴턴코리아.

3. Gordon, T. (1986). 자율적 인간육성의 원리(*Teacher Effectiveness Training*). (이형득, 신완수, 김선남, 김성회, 이성태, 이수용, 김남옥 공역). 서울: 형설출판사. (원저는 1962년에 출판).

4. http://cafe.daum.net/awareness0, 다음카페 〈김용수교수의 자각기반상담〉

5. http://cafe.daum.net/awareness0, 다음카페 〈김용수교수의 자각기반상담〉

Chapter 4

1. Hayes, S. C. & Smith, S. (2005). 마음에서 빠져나와 삶 속으로 들어가라. (*Get Out of Your Mind &*

Into Your Life). (문현미, 민병배 공역). 서울: 학지사. (원저는 2010년에 출판).

2. Segal, J. V., & Williams, J., & Teasdale, J. D. (2006). 마음챙김 명상에 기초한 인지치료 (*Mindfulness-Based Cognitive Therapy for Depression*). (이우경, 조선미, 황태연 공역). 서울: 학지사. (원저는 2002년에 출판).

3. Beck, A. T. (1976). *Cognitive therapy and the emotional disorder*. New York: International Universities Press.

4. Hayes, S. C. & Smith, S. (2005). 마음에서 빠져나와 삶 속으로 들어가라. (*Get Out of Your Mind & Into Your Life*). (문현미, 민병배 공역). 서울: 학지사. (원저는 2010년에 출판).

5. Hayes, S. C. & Smith, S. (2005). 마음에서 빠져나와 삶 속으로 들어가라. (*Get Out of Your Mind & Into Your Life*). (문현미, 민병배 공역). 서울: 학지사. (원저는 2010년에 출판).

6. 용홍출(2008). 마음챙김 명상에 기초한 인지치료의 효과. 대구대학교 박사학위 논문.

7. Teasdale, J. D., & Moore, R. G., & Hayhurst, H., & Pope, M., & Williams, S. (2002). Metacognitive awareness and prevention of relapse in depression: Empirical Evidence. *Journal of Consulting and Clinical Psychology*, 70, 275-287.

8. 김용수(2015a). 마인드플리스와 인지주의적 상담. 2015년 학술행사 Mindfulness와 상담의 만남 자료집(pp. 89-122). 한국상담학회: 초월영성상담학회.

9. Safran, J. D., & Segal, Z. V. (1990). *Interpersonal process in cognitive therapy*. New York: Basic Books.

10. 김용수(2016). 예술심리상담사의 정서지능과 스트레스와의 관계: 탈중심화의 매개효과. 예술심리치료연구, 12(3), 43-60.

11. 김용수(2015a). 마인드플리스와 인지주의적 상담. 2015년 학술행사 Mindfulness와 상담의 만남 자료집 (pp. 89-122). 한국상담학회: 초월영성상담학회.

12. 김용수(2015b). 통합예술치료를 활용한 자각증진프로그램에 참여한 상담수련생의 스트레스 지각경험에 대한 현상학적 연구. 예술심리치료연구, 11(4), 235-262.

13. http://cafe.daum.net/awareness0, 다음카페 〈김용수교수의 자각기반상담〉

Chapter 5

1. 박문호(2013). 그림으로 읽는 뇌과학의 모든 것. 서울: 휴머니스트.

2. Rafaeli, E., & Bernstein, D. P., & Young, J. (2015). 심리도식치료(*Schema Therapy*). (이은희 역). 서울: 학지사. (원저는 2011년에 출판).

3. 박문호(2013). 그림으로 읽는 뇌과학의 모든 것. 서울: 휴머니스트.

4. Buddhapāla (2006). Buddha 수행법. 부산: 무량수.

5. http://cafe.daum.net/awareness0, 다음카페 〈김용수교수의 자각기반상담〉

Chapter 6

1. Gordon, T. (1986). 자율적 인간육성의 원리(*Teacher Effectiveness Training*). (이형득, 신완수, 김선남, 김성회, 이성태, 이수용, 김남옥 공역). 서울: 형설출판사. (원저는 1962년에 출판).

2. Erikson, E. H. (1990). 아이덴티티의 세계(*Identity: Youth and Crisis*). (박아청 역). 서울: 교육과학사. (원저는 1968년에 출판).

3. Gordon, T. (1989). P.E.T 강사지침서(*Training Manual for P.E.T*). (김인자 역). 서울: 한국심리상담연구소. (원저는 1975년에 출판).

4. Maurer, R. (2016). 끝까지 계속하게 만드는 아주 작은 반복의 힘(*One Small Step Can Change Your Life*). (장원철 역). 서울: 스몰빅미디어. (원저는 2004년에 출판).

저자 소개

김용수 Kim, Youngsoo

'왜 사람들은 서로 아껴주며 사이좋게 지내지 못할까?' 어린 시절에 가졌던 의문이다. 그리고 성인이 되어서 그 질문이 '어떻게 하면 좋은 아빠가 되는 걸까?'로 조금 더 구체화되었다. 그러기 위해서는 먼저 좋은 남편이 되어야 하고, 그보다 먼저 좋은 인격체가 되어야 함을 깨달았다. 멋진 인격체로서, 좋은 남편으로서, 좋은 부부관계를 이루고, 멋진 아빠가 되려는 꿈은 지금도 현재진행형이다.

— 에필로그 중에서 —

저자는 자신의 의문을 해소하고 꿈을 실현하는 과정에서 상담학을 전공하고, 한국상담학회의 수련감독전문상담사 및 가족치료전문상담사 자격을 취득하였다. 현재 평택대학교 대학원 상담학과 교수로 재직하고 있으며, 2008년부터 매년 자각(또는 알아차림) 관련 논문을 전문 학술지에 발표해 오고 있다. 한국상담학회의 초월영성상담학회장과 군상담학회장을 역임하면서 상담영역에서 자각의 원리를 전파해 왔으며, 현재는 한국학습상담학회장으로서 그 소임을 계속하고 있다.

최근에는 상담학과 동양의 알아차림 방식을 통합하여 '자각기반 Self-인지치료'를 실행하고 있으며, 일반인도 이 원리를 보다 쉽고 재미있게 배울 수 있도록 '러블리 어텐션' 워크숍을 진행하고 있다.

마음돌봄

러블리 어텐션
Lovely Attention

2018년 1월 15일 1판 1쇄 발행
2024년 1월 25일 1판 4쇄 발행

지은이 • 김용수
펴낸이 • 김진환
펴낸곳 • (주)학지사
　　　　04031 서울특별시 마포구 양화로 15길 20 마인드월드빌딩
대표전화 • 02-330-5114　　팩스 • 02-324-2345
등록번호 • 제313-2006-000265호

홈페이지 • http://www.hakjisa.co.kr
페이스북 • https://www.instagram.com/hakjisabook

ISBN 978-89-997-1449-8 03180

정가 17,000원

출판미디어기업 학지사

간호보건의학출판 학지사메디컬 www.hakjisamd.co.kr
심리검사연구소 인싸이트 www.inpsyt.co.kr
학술논문서비스 뉴논문 www.newnonmun.com
교육연수원 카운피아 www.counpia.com